不死的靈魂

MEINE ERLEBNISSE MIT ARMEN SEELEN

我與煉靈的接觸，以及關於煉獄、永生、死後世界的祕密。

瑪利亞·辛馬——著　MARIA SIMMA　譯——鄭玉英

不死的靈魂
Meine Erlebnisse mit Armen Seelen

天堂一定是非常的美好，

因為天主如此一絲不茍地淨化我們的靈魂。

——卡特苓娜（Katharina von Siena, 1347-1380）

若我們知道，這些可愛的煉靈對天主的心有多大的影響力，

而且透過他們的祈禱可獲得多大的恩賜的話，

他們就不會那麼容易被遺忘。

我們應該多為他們祈禱，如此一來，他們也會常為我們祈禱。

——聖維安尼神父（Johannes Vianney

[Pfarrer von Ars], 1786-1859）

每一次，若有一位煉靈因你的祈禱和奉獻而從煉獄之火中獲救，

我如此歡欣，就如同你解除了我身上的痛苦一樣。

——耶穌對聖潔如（hl. Gertrud der Groβen, 1256-1302）的啟示

〈專文推薦〉

靈魂不朽——天主教信仰的一項重要真理

狄剛

《不死的靈魂》要再版了！出版社邀我推介，固辭無效只好勉為其難，抱著先讀此書為快的心情，也期待始料未及的收穫，我很相信「開卷有益」。

本書初版已有李哲修神父的推薦文章。李文根據天主教信仰簡述天主教「生死觀」裡，天主在人死後、「公審判」之前，信友亡靈生前的善惡有賞有罰：大善得救，天國永福；重惡報應，地獄永苦；不重不大者應經過煉淨之苦，始得苦盡甘來。因此天主教針對亡靈有個煉獄之說。

現在我要簡單談談天主教的人性觀。

天主教是個「天啟宗教」：由於「天主是愛」，祂自願由於愛把自己的本性、祂跟萬物跟人的種種關係，透過先知啟示給祂特選的以色列民族，經由選民啟示給整個人類。新約時代則派祂的兒子，取人性成為人，建立教會完成全部啟示。

由於愛，祂創造了宇宙萬物，由於特別的愛，祂創造了人。由於特別特別的大愛，祂寬恕人類的罪——派祂的聖子以不可思議的方式，犧牲性命救贖了人類。祂創造、祂眷顧、祂寬恕、祂拯救、祂重整革新一切，祂展現出祂的本質——祂是愛的本身。

天主的「最愛」、天主最大的喜悅與榮耀：是人！

天主依照自己的肖像（本質、本體、本性）創造了人！人在受造界中，享有獨一無二的地位：不僅是天主的肖像，全部天主所造的精神界與物質界都在人的本性上合而為一；他參與天主的一切所有，他享用一切，掌管一切；他也享有天主的一切所能：天主要人發展宇宙萬物的無限潛能，繼承天主的一切！

人是靈魂和身體的合成體。聖經中「靈魂」一詞是指人的「生命」，也指人完整的「位格」。也指人心內最隱密的、最內在的、最珍貴的、最有價值的使他成為天主肖像的一切：「靈魂」是指人「精神的本原」。

最寶貴的是：天主在創造人時由於祂無限的對人的愛，把人無條件地提昇到與天主相契無間的共融境界。

人的「靈魂」是與生俱來就「屬神的」：具有理智和意志，這是天主肖像的傑出「標誌」，在人受孕的那一刻，就已導向天主，並被預訂承受永遠的真福。人是在尋求和愛好真理及美善中，追求完美。

天主賜人「靈魂」是要人作宇宙的「主人」，要如此便必先自律自重，自身作自己的主人。

天主所做的一切都美好，但是沒有人能倖免痛苦災害，尤其不能倖免於倫理的「罪惡」問題。

罪惡存在於人類歷史中，罪惡一直是人生命的重擔。「煉獄」是為倫理道德有瑕疵，既不必下地獄也不可以立刻進天國的人設置的。在煉獄中的亡靈，不能自救，必須後死的親友相助。煉靈事件因此在教會內遂成為不可忽視的事；天主也充滿仁慈，容許煉靈向外求救。本書作者經由她的神師（信仰生活輔導者）的見證，辛馬姊妹非常值得我們信任。我們感謝天主賜給我們辛馬姊妹，她無私無我充滿愛心，為煉靈祈禱犧牲以減輕煉靈痛苦，並激勵我們見賢思齊；尤其透過她，我們對死後的世界有所與聞，能堅強我們的信德，熾熱我們通功愛心。

願天主繼續利用辛馬姊妹推廣、提供在煉獄中淨化的兄姊們的幫助，願天主降福本書的所有讀者滿獲神益！

願與大家共勉，努力跟聖母一起拯救煉靈！

（本文作者為天主教台北總教區前總主教）

〈專文推薦〉

死亡的神蹟

李哲修

生、老、病、死是人生必經之路。生代表未來與希望，死則是我們往往避之唯恐不及的。人之所以怕死有兩種原因：人都有追求不死的渴求，而死亡卻讓這希望成為泡影；其次是來自對死亡的無知，因為無知而產生恐懼與排斥。

美國有位死亡學專家羅絲，她曾經訪問過許多位醫學上已被宣布死亡、但經過一段時間又突然活過來的患者，每位都是個別訪問且都現場錄音存證。她只問一個問題：「當您被宣布死亡到復活的這段時間裡，您到底看到什麼？聽到些什麼？」說來令人感到不可思議，大家都異口同聲說：「當我被宣告死亡後，我的靈魂離開我的肉體，然後飄過一條漫長黑暗的隧道，隧道盡頭有一個巨大光體，裡面有個聲音問：『對於你的一生，你感到滿意嗎？』就在那一剎那，一生幾十年的歲月竟然栩栩如生、歷歷如繪地掠過腦海。然後那個聲音又說：你離死亡還早，必須再活一段時間之後再來。也就在這同時，我又活過來了！」說來奇妙！他們並非接受集體訪問，但結論卻相同。他們說：「從此以後我得好好活下去！」

根據天主教的信仰，有所謂「萬民四末」：死亡、審判、天堂、地獄。一個人在死亡之前，若他一生的罪與罰都做完了，因此他的死亡也是升天堂的時候，在那裡不再有淚和死亡，也不再有痛苦。人將與天主同在，也跟所有已在天堂的靈魂永遠讚美光榮天主。一些人生前犯了重罪，臨終之前一點懺悔之意都沒有，因而該下地獄。凡下地獄的靈魂會受兩種苦：覺苦與失苦。所謂覺苦，是指受到火的煎熬。失苦是一種失落感，當靈魂下了地獄之後才恍然大悟：人生的終點是回歸天父。

在教會內曾流傳過一句話：「凡下地獄的人，主把希望擱在地獄門外。」在天主教的信仰中，罪分重罪及輕罪，後者由個人懺悔完改過即可獲得赦免。大罪及重罪則需向代表天主和教會的神父告明。

除了天堂與地獄之外，還有一個境界稱為「煉獄」：一個人死亡時，他的靈魂並沒有重罪，或者有，已在告罪儀式中獲得天主赦免，但是受罰仍沒有做完。他既不必下地獄，也不能立刻進入天堂，必須先經過煉獄。煉獄一詞就像我們一般所說的有期徒刑，期滿即可進入天堂享受永生永樂。

煉獄的根據是在舊約的〈瑪加伯書下〉第十二章第三十八節至四十五節，主要的思想是：已在天堂或仍在世上的教徒，都可以為亡者祈求天主降福，讓他們早日脫離煉獄之苦，進入天堂。這在天主教稱為「諸聖相通功」。每年的十一月，即為天主教的「煉靈月」。

本人有幸應邀為本書校對，獲益良多，也衷心希望讀者能夠在閱讀的過程中，獲得心靈的益處！

（本文作者為天主教耶穌會神父）

〈專文推薦〉

現世往生連成一氣的人生

房志榮

這是一本頗富挑戰性的書，因為書中敘述的許多靈異事件，讀者可以信，也可以不信，信與不信都能言之有理，各有所本。到底是信或是不信呢？這與讀者本人的宗教信仰有關。筆者以天主教神父的身份，嘗試把本書的內涵在整個天主教信理的脈絡裡，略加爬梳，也許能理出一點頭緒來。

首先從「信」字說起。信字由「人」由「言」合成，表示有人說話，人能信或不信他所說的話，信或不信關鍵不僅在於那話的真假，也在於說話的是誰。父母師長的話容易取信於孩子，外人或陌生人就不一定。在宗教信仰上也是如此。所說或所啟示的事是真是假的問題外，還得看是誰說了或啟示了那事。這在聖經裡有一個很突出的例子，把「見證」的事實和重要性搬出來，作為信或不信，及獲得永恆生命與否的最後標準。

「見證」既是說也是作，就像天主的創造、啟示和救贖都是如此，既說又作，說和作從不分開，而常一同進行。在此，天主教的一個基本信理即刻出現，就是一個天主有三位：父、子和聖神。〈若望一書〉（約翰一書）把這三位一體天主的見證寫出來：

「耶穌基督到世上是藉著洗禮的水和犧牲的血；不僅僅用水，而是用水和血。聖靈也親自見證這是真實的，因為聖靈就是真理。聖靈、水和血三者都作證，而三者都一致。」〈若望一書〉（約翰一書）第五章第六—八節說出三一天主的見證。

接著，第九—十節比較人的見證和天主的見證：「既然我們接受人的見證，上帝的見證當然更有效力，而這見證是上帝為祂兒子所作的。所以，誰信上帝的兒子，誰心裡就有這見證；誰不信上帝，就是把上帝當作撒謊的，因為他不信上帝曾經為祂的兒子作見證。」

第十一—十二節說明，見證的目標是給人永恆的生命，而生命的源頭就是天主為之作證的兒子（耶穌）：「這見證就是：上帝賜給我們永恆的生命，而這生命的源頭是他的兒子。誰有上帝的兒子，誰就有這生命；誰沒有上帝的兒子，誰就沒有這生命。」

以上〈若望一書〉〔約翰一書〕第五章第六—十二節的七節經句，引自聖經公會出版的現代中文譯本修訂版聖經（一九九五年，香港聖經公會印發）。上帝即天主，聖靈即聖神。這一譯文比思高聖經更清晰地表達出這七節經句的大綜合：三一天主所作的見證，人的信或不信，由之而有永恆的生命或沒有：第六—八節耶穌和聖神的見證；第九—十節人的見證和天主的見證，人信前者，更該信後者，因為後者，作證的是天主，受證的是天主的兒子，二者都最為可信；第十一—十二節人有兒子（耶穌）與否，決定生命的有無。

三一天主的信理，從基督宗教一開始，就用信經表達清楚了，二千多年來從未改變，直至世界末日也不會有任何更動。信經的十二條信理，只有第一條用兩句話講天主父：「我信全能者，天主父造成天地」。第二到第七條都講耶穌，每條也有二句話：

(2)我信其唯一聖子，耶穌基督我等主；

(3)我信其因聖神降孕，生於瑪利亞之童身；

(4)我信其受難，於般雀比拉多居官時，被釘十字架死而安葬；

(5)我信其降地獄，第三日自死者中復活；

(6)我信其升天，坐於全能者天主父之右；

(7)我信其日後從彼而來，審判生死者。

第八條只有四個字：「我信聖神」。

最後四條是：

(9)我信聖而公教會，諸聖相通功；
(10)我信罪之赦；
(11)我信肉身之復活；
(12)我信長生。

第八條「我信聖神」後的四條信理講教會和整個人類。

可見，基督信仰的十二條信理，八條講天主，第一條兩句話講天主父，第二到七條講天主子耶穌基督，也是每條兩句，第八條講聖神，只用一句話四個字「我信聖神」。餘下的四條講「聖而公的教會和教會成員（諸聖）的互通」，講人的罪得赦免，講肉身的復活，講永恆的生命。雖然只有四條關於人的信理，卻涵蓋了所有與人有關和人所關心的問題。

當然，講天主的信條共有三分之二，其中講天主父和聖神的只各有一條，講耶穌基督的卻有六條信理，所以稱這信仰為「基督信仰」是很恰當的。基督給我們啟示了父，並帶我們到父那裡去，基督離開前，許下聖神來完成啟示和領人回歸父家，因此，基督信仰最後也是三位一體天主的信仰。

信經第三條說：「我信其因聖神降孕，生於瑪利亞之童身」，信經在講天主以外，在此加上了一個人，一個女性，因為是這女人孕育了天主子，不過她懷孕生子，不是因與男士同房，而是由於聖神。另一個人在信經裡留名的，是般雀比拉多，以他當時任羅馬帝國的敘利亞總督，確定了耶穌被釘十字架的歷史時刻。這樣，基督信仰的二大軸心奧蹟：聖言降生成人和基督被釘十字架，在信經裡，透過歷史人物，落實在具體的史實中，使我們有跡可尋，確知救主來到人間。這也顯示，信經的十二條信理不是抽象的道理，而是歷史事實。第一條和第十一、十二條是超越歷史的，但其他九條都發生在人類歷史的時空裡，四分之三的救恩史，使得四分之一的超歷史信條（父造天地，肉身復活，天國永生）具可信性，不過還是需要信。

寫到這裡，可以回來略談《不死的靈魂》這本書了。書中講的那些「與煉靈接觸的經驗」可信或不可信呢？根據上文解釋的信經來作答，應該是信或不信都可以，因為那些與煉靈接觸的經驗，都不直接涉及信經的十二條信理。可是上文也說過，信或不信，不只是真假的問題，也跟說話的人有關。《不死的靈魂》中，說出與煉靈接觸的主角瑪利亞．辛馬，從她的儉樸生活、誠實性格、說話語氣，甚至幾張照片來看，直覺是個值得相信的村婦。何況她的神師神父一直為她作證，聲明那些經驗不單與教會信理毫無衝突，且能幫助人對今世後的往生生命有些初步的認知，把信經的第一、十一、十二這三條信理，和其餘九條講耶穌和聖神的信理，連結成一篇完整的信經，道出父創造，子救贖，聖神聖化的天啟大道理。

煉獄的存在及其意義不是教會的基本信理之一，但與整體基督信仰十分契合。信經第五條說耶穌死後復活前下降地獄，是指靈薄獄（limbo）及煉獄。以後在神學裡逐步講解其聖經的基礎，而在教會傳統中日漸重視為煉靈獻祭代禱的善工，以表達諸聖通功，對煉靈痛苦的感同身受。耶穌的苦難雖已過去，但在十字架前默禱還是最感人的靈修功夫，同樣，煉靈受苦雖不是永恆的，但他們目前所受的苦應該引發我們的同情，而以獻祭、祈禱相助。

「天堂一定非常美好，因為天主如此一絲不苟地淨化我們的靈魂。」（Catarina di Siena 1347-1380）「若我們知道，這些可愛的煉靈對天主的心有多大的影響力，而且透過他們的祈禱可獲得多大的恩賜的話，他們就不會那麼容易被遺忘。我們應該多為他們祈禱，如此一來，他們也會常為我們祈禱。」（St. John Vianney, 1786-1859）

（本文作者為輔仁博敏神學院教授）

〈原出版者聲明〉

瑪利亞．辛馬的經歷是真是假？

阿諾．居禮（Arnold Guillet）

瑪利亞．辛馬一九一五年生於奧地利大瓦舍谷的桑達村（Sonntag），生性虔誠並帶有一種神秘的特質，擁有天主賦予的特異神恩，因立志苦修而三度進入修院。有很長的一段時間，她對天主對她的計畫毫無所知，最後終於在其靈修輔導的悉心領帶下獲得聖召，進入「煉靈使徒會」。

她的故事真實可信。

由於一些新聞媒體對於瑪利亞．辛馬的《不死的靈魂》一書的真實性有所抨擊，因此身為出版者，我不得不做出以下聲明：

在決定出版此書之前，我想對這一切進行審慎求證。因此我到辛馬的居住地，即位於大瓦舍谷的桑達去與她的靈修輔導艾馮士·馬特神父（Alfons Matt）長談。馬特神父同意我將他對上屬主教撰寫的有關辛馬的報告，以簡縮版出版成書。同時，我們也獲得在因斯布魯克的依瓦德·波姆博士（Dr. Ewald Böhm）撰寫長達六頁之完整心理測試評鑑的副本，存放於出版社的資料庫中；此心理測試是由一位神學教授委託波姆博士所進行的。重點是，報告中認為瑪利亞·辛馬並沒有歇斯底里或心理變態的情形。在桑達，我亦訪談了她的鄰居，並且參觀了新建的慈善教堂。

簡而言之，對我而言唯一重要的問題是：瑪利亞·辛馬所經歷的一切是真是假？若書中所描述的一切是真的，那我所看到的是天主開的證明書，說明她有超自然的異能神恩（不只是心靈感應之類的能力），且她所經歷的一切亦是可信的。

開放檢驗資料

根據馬特神父的報導：「只要就瑪利亞．辛馬對煉靈家屬有關該煉靈的轉述進行求證，便可知其真偽。因為大部分案例中的煉靈是完全陌生的。在呈給費爾德喀希市的闡恩（Franz Tschann）副主教的報告中，有列出一長串死者之名以及他們的願望。我將大部分的消息轉交給各個堂區神父，請他們查證是否真有此人。若有的話，就請他們將消息轉達給其家屬。而大部分得到的回答都是肯定的。」

因此，我懇切呼籲現今各界的批評者，先不要管各種妄測和報導，而只就書中所描述的一切證據判斷其真偽，其他則不言自明。

我已一再聲明，若有人能發現確切的證據，證明辛馬和其靈修輔導是騙子，且書中所描述的事件都是虛構的話，我馬上將此書下架收回。但在十多個村莊中，我們可找到上百位證人。

從一開始，我們就很清楚地公布所有的資料，包括瑪利亞．辛馬的全名、住處、經歷和照片等，以便有心對此求證的人有跡可尋（如同任何人都可以在法國的露德對所有無法以科學解釋的聖蹟進行求證一樣❶）。

只要是我們擁有的，本出版社亦願意將其他資料文件開放給批評者查閱。有關瑪利亞．辛馬的這本書，不是為製造騷動或滿足世人的好奇而寫的，而是一本心靈感化的書，好讓讀者知道有一個淨化之地的事實，並提醒我們要為亡者祈禱。

梵二會議對個人的神蹟啟示有何看法？

注❶位於法國庇里牛斯山區的露德（Lourdes）是著名的天主教朝聖地，曾有聖母顯靈，聖母指示處所挖出的清泉具有治癒病症的奇效。

我們認為，當天主賦予一個人一項異能時，不是給他個人消遣娛樂用的。看到聖神三位一體顯靈的克勞士修士（Bruder Klaus）並非只為了個人的心靈感化；聖女貞德亦沒有利用她所聽到的聲音來神化自己，而是用來拯救她的國家。

天主教徒不必相信這些個人體驗的神蹟啟示。但不可否認的，無論以前或現在，教會有無數這樣的案例，例如：自聖方濟各以後的三百年內，文獻記載有三百多個領受聖傷聖蹟的案例，其中許多是個人所體驗的神蹟啟示：如聖屍殯葬遊行、恭敬耶穌聖心、玫瑰經、露德等。所以我們不必因此而覺得不好意思。難道天主現在不應再賜給我們聖保祿宗徒（使徒保羅）所一再描述的異能神恩嗎？

梵蒂岡第二次大公會議對此神恩曾說明：「無論這種奇恩是特殊的或只是簡單平凡的才能，我們都必須以感恩和欣慰的心態來接受，因為這非常適合並有益於教會的需要……。判斷其真實性及應

用是治理教會者的責任，他們的責任是不要使神恩消失，驗證一切並擇善固執。」（教會憲章第十二條）

馬特神父在他的報導中寫到：「瑪利亞·辛馬從煉靈處獲悉有關現今社會的現況、需求、所面臨的危險以及因應對策等一切，以及在她承受極大痛苦時刻所體會到的認知與得到的安慰，都與天主是正義慈祥的、煉獄等教義，以及教會高層的認知和經驗一致。」

既然煉靈顯現的現象在教會中已不是什麼新鮮事了，為何大家還反應得如此敏感？（在文獻中已有豐富的記載，甚至是當代的文獻亦不缺這類案例。）即使在都林的聖鮑思高（hl. Don Bosco, 1815-1888）也曾經和其他修士一起經歷過一位亡友的顯現，每一位在場的人都留下了畏懼和無法磨滅的印象。著名的聖女瑪加利大·亞拉高（hl. Margaretha-Maria Alacoque, 1647-1690；一九二〇年封為聖人）在其自傳中亦描述到一位已亡的聖本篤修士顯現的事蹟。

亡故的人會顯現給活著的人，在聖經新約中已有明確的記載：〈瑪竇福音〉〔馬太福音〕第二十七章第五十二—五十四節記載著，在耶穌復活後，許多人看到了死人靈魂顯現。

重要的見證人和關鍵人

費爾德喀希市的總主教在一封信中提到：「馬特神父是一位非常正直的模範神父，完全不沽名釣譽，以年屆七十七歲的神職人員而言，他是一位值得尊敬的老神父。」

我個人的觀點是：既然馬特神父是一位正直的楷模神父，而在瑪利亞．辛馬這個事件中又是重要的見證人和關鍵人物，為什麼大家還不相信他？假設瑪利亞．辛馬所言非實，那麼馬特神父即使擁有長年的經驗也沒有分辨人的能力，而成為一個女騙子的受害者！

但如果他在這種情形下還是一位正直又模範的神父呢？沒有人

真的希望，瑪利亞・辛馬在活著時能受到費爾德喀希市主教公開的承認。這會違反教會的原則，即在沒有明確欺騙證據的情況下，就要嚴格遵守加瑪里耳的忠告（〈宗徒大事錄〉〔使徒行傳〕第五章第三十四—四十節）。

瑪利亞・辛馬的卑微和貧窮生活狀況是她正直的最大保證。若她真的是一位驕傲又自以為是的人，我們根本不理會她。但就是這一點常常令人生氣：猶太人就曾經對耶穌與單純無知的漁夫、稅吏和罪人交往而憤慨不已。許多現代的天主教徒認為自己的思想很開放，但他們卻無法理解，為何聖母會在露德和法蒂瑪出現在單純的牧羊童面前。很多人甚至拒絕相信一九一七年發生在法蒂瑪的神蹟，縱使有七萬人親眼見證太陽的異變，而且當時全球媒體對此都有所報導。

天主的手記

天主的計畫是挑選軟弱的人來戰勝強壯的人。只有在軟弱的工具上，祂才能施展大能。若達味〔大衛〕和巨人哥肋雅〔歌利亞〕一樣強壯的話，就沒有人相信這裡有天主的力量在干涉了。

在聖保祿〔保羅〕寫給格林多人的第一封信中，他就以敏銳的理解力看出此中的道理：「因為世人沒有憑自己的智慧，認識天主，天主遂以自己的智慧，決意以愚妄的道理來拯救那些相信的人。」（〈格林多前書〉〔哥林多前書〕第一章第二十一節）而「周邊」事物（如瑪利亞、聖人等）這字眼也是非常的愚昧。好像這些附屬的事件不屬於整個體系！想想看，若沒有那些周邊的小國家，歐洲會是什麼模樣？現代的天主教徒受到太多先進觀念的迷惑，而認為所有關於神恩異能和奧蹟等事，都不必相信。

那為什麼許多大航空公司還以斗大的看板刊登廣告：「想要靜思冥想嗎？來印度就對了！」為什麼上千的嬉皮還流連於恆河岸不願離開？因為現代人對奧蹟似飢如渴啊！但在許多先進思想潮流的影響下，信仰完全被理性化，使得只有在基督宗教信仰中才有的真正奧蹟（mystic 從希臘文的 mysterion 即「秘密」而來），卻無立身之處。

最後，我僅提供梵二會議神學家卡爾．冉納（Karl Rahner）所說的話給各位參考：「個人所體驗的神蹟啟示對教會而言不是奢侈品，而是一種責任和義務，就如同教會在歷史上所處理過的一些情況一樣。」

無論如何，我們都會以誠信的態度去處理，並忠於事實。只要我們以誠信的態度去處理，我們便受到宗教寬容的法律保護，並有權利要求實事求是和公平的批判。

從死者中復活。一位天使拯救一位煉靈。瑞士畫家漢斯·德·費里士（Hans de Fries, 1485-1518）畫作一景。此畫作展示於德國慕尼黑的美術館內。

而最不會欺騙我們的真實標記就是十字架，因為耶穌全心全意地背起了沉重的十字架。所以，當一九八六年六月十日在桑達，瑪利亞・辛馬所居住的木屋受到祝融之災時，她所感受到的應該也是如此吧！對這位獨居的老婦人而言，這無疑是一項嚴重的打擊！但她的家屬和整個社區也同時擔負起照料她的責任。

（本文作者為德文原著出版者）

天主是

贏得的天堂

失去的地獄

試驗的法庭

和淨化的煉獄之火。

——神學家巴爾塔薩（Hans Urs von Balthasar, 1905-1988）

有一個淨化地，

在那裡受束縛的靈魂可透過教友的代禱而得到幫助。

——特里安天主教大公會議

風隨意向那裡吹，

你聽到風的響聲，

卻不知道風從那裡來，

往那裡去：

凡由聖神而生的就是這樣。

——若望福音〔約翰福音〕第三章第八節

Book 1

第一部　關於瑪利亞・辛馬

撰寫人：艾馮士．馬特神父❶

送呈：費爾德喀希市的法蘭茲．闌恩副主教

我看到那些靈魂在受到煉獄淨火煎熬的痛苦中領悟到兩件事：首先，他們很願意承受這痛苦，並相信天主對他們發了非常大的慈悲，因為他們看到自己所犯的罪和感受到天主的偉大……。另一件事是，他們仰望天主的聖容而感受到一種喜悅，因為天主以無限的愛和慈悲對待他們的靈魂。

——聖卡特苓娜（hl. Katharina von Genua），《論煉獄》

瑪利亞．辛馬的出身與成長經歷

瑪利亞．辛馬於一九一五年二月五日生於奧地利福拉爾貝格省的桑達村，是家中的第二個孩子。父親是若瑟．安東．辛馬（Josef

Anton Simma），母親是艾略西亞·林德勒（Aloisia Rinderer）。

桑達位於費爾德喀希市東邊約三十公里處，大瓦舍谷（Großes Walsertal）的最深處。祖父若瑟·安東·辛馬是桑達當地一家名為「獅子」的小酒館主人，祖母是安娜·費斯特勒（Anna Pfistere）。父親在年輕時以教堂管理員為生，有一段時間曾經為住在布雷根茨務農的哥哥幫工活口。住在布雷根茨的那一段時間，他認識了艾略西亞。艾略西亞的父親是一位火車站工作人員，收養了瑪利亞·辛馬的伯伯。雖然若瑟和艾略西亞年齡相差十八歲之多，但他們還是結婚了，婚後一直過著貧窮的生活。

注❶艾馮士·馬特於一八九一年五月二十四日出生於大瓦舍谷的桑達。從一九三八年至一九七六年這三十八年間，他是桑達的本堂神父。他的葬禮舉行於一九七八年十二月二十六日，參與葬禮者有費爾德喀希的主教布魯諾·衛希納，四十位神父和上千位信友。在致悼辭中，衛希納主教說：「我們能對一位神父所做的最大讚美就是他是一位充滿主愛的神父，而馬特神父就是一位這樣良善和效法聖人的神父。——原書注瑪利亞的父親帶著一家人搬到桑達的一間小屋。他在第二次世界大戰期間曾擔任郵差，之後便以造路工人或打零工領日資過活，到了老年便沒有工作。

他們一共育有八個小孩，擠在一間老木屋裡。而這間老屋是一位慈善的老木匠師傅法蘭茲・伯瑞克爾（Franz Brickel）無條件當做遺產送給瑪利亞的父親。由於家中窮困，孩子們很早就得離家到別人家去做幫工或保母來養活自己。

瑪利亞從小便非常虔誠，熱烈參與卡爾・費里茲（Karl Fritz）神父所辦的宗教課程。於國民學校畢業之後，她曾到過施瓦本（Schwabenland）、哈德（Hard）、年頃（Nenzing）和勞特巴赫（Lauterbach）等地。她一心想成為修女，但由於體質虛弱而三度遭到拒絕。而且為了準備進入修會的必需用品，她必須部分靠工作賺來，部分向人乞討。

艾馮士・馬特，一九三八至一九七六年間是桑達的本堂神父，亦是瑪利亞・辛馬的靈修輔導。他發現瑪利亞・辛馬有異能神恩，幫助她發展此異能，並深信瑪利亞所經歷的事件真實不假。艾馮士・馬特是桑達本地人，在因斯布魯克攻讀神學，並於一九一五年六月二十九日晉升為神父，曾任聖職於史林茲（Schlins）、朗克懷爾（Rankweil）的卡普蘭（Kaplan）、勞特巴赫（Lauterbach）和朵倫（Doren）等地。一九七八年十二月二十二日歿於朗克懷爾。

她在費爾德喀希的聖若瑟之家做了三年的幫傭。在離開蓋邵（Gaisau）之後，瑪利亞代替父親掌管家務，並接管打掃教堂的工作。自從父親在一九四七年逝世之後，她一直住在父親的房子裡。為了添補生活費，她種了個小菜圃。她一直貧困度日，並且常靠善人幫助。

三度進入修院的經驗使她更虔誠、更堅定、並為接受「煉靈使徒會」的聖召做好準備。瑪利亞・辛馬對聖母瑪利亞抱持著一種童真的愛，而且一直渴望幫助煉靈，並常以各種方式支持教會傳教，這是她的宗教生活的宗旨。她曾對童貞聖母瑪利亞許願，也完成了對聖母的奉獻，尤其是對煉靈；並發了誓，願成為愛和罪（奉獻靈魂）的祭品。

現在看來，瑪利亞・辛馬的確找到了天主的聖召，即透過祈禱、承受肉身之苦和傳教來幫助煉靈。在國家社會主義盛行時期，她就一直幫助主日學的兒童準備和好聖事及聖體聖事（即領聖餐），也教授兒童主日學的道理班，而她在這方面頗有天分和技巧。

幫助煉靈

從小瑪利亞就以祈禱和悔改贖罪的方式幫助煉靈。從一九四〇年開始，就有一些煉靈來請求她幫他們代禱。一九五三年的諸聖節（Feast of All Saints，每年的十一月一日），她開始以承受肉身之苦的贖罪方式來幫助煉靈。

她必須為一位於一六六〇年在嵌頓（Kärnten）亡故的軍官受肉身之苦，她所承受的痛苦相當於罪人本身必須承受的痛苦。在煉靈月中，煉靈們最能因聖母瑪利亞的慈悲而受惠。對煉靈而言，十一月也是特別的大赦之月。

瑪利亞很高興十一月終於結束，因為那時聖母受孕節才真正開始。這時，有一位於西元五五五年亡故的科隆修士來找她，而他的樣貌顯得非常絕望。他說必須要有人能為他受肉身之苦，他才能獲得救贖，但瑪利亞必須是心甘情願的，否則他必須要在煉獄待到最終審判之日。

她答應了，結果受了一個星期的苦。每天晚上，這個靈魂都來將新的痛苦加到她身上。有時候，她覺得好像有人要把她全身四分五裂一樣。這個靈魂在瑪利亞的身上施加很重的壓力，同時她覺得好像有人不斷將匕首猛插到她身上。另一次則覺得好像有一支鈍鐵要插到她身上，但因碰到阻礙而往身體的各個部位亂竄。這個靈魂必須補贖的罪愆是謀殺聖烏蘇拉（hl. Ursula）的幾位女伴、拋棄信仰、多次婚姻出軌和參與彌撒時不虔誠等行為。

接著，不斷有別的靈魂來尋求協助。為墮胎和淫蕩不貞的人所受的肉身之苦是強烈的腹痛和嚴重的噁心。有時候，她覺得自己好像躺在冰塊上好幾個鐘頭，刺骨的寒意直逼骨髓，這是為冷淡的教友贖罪所受的苦。在經過一件重大案例（即科隆來的教士）之後，她還必須接受六個靈魂的請求，而這只有在瑪利亞心甘情願的情形下，他們的罪才能得到赦免。之後，她可以透過耶穌母親的憐憫，以比較輕鬆的方式來解救靈魂。

在前半年，總共有以下的靈魂來找過她：一位來自法國的碧爾塔，死於一七四〇年；一位維也納的女士，死於一八一〇年；一位義大利的妓女；兩位在因斯布魯克死於空襲的年輕小姐；一位義大利教士。其中還包括許多其他只須透過輕微的受苦和祈禱就可獲得救贖的靈魂。

雖然有時候瑪利亞覺得很辛苦，但她還是接受了這些靈魂，縱使她常常覺得極為難受，若只靠一般的方式是無法承受的。

一九五四年八月，出現一種新的煉靈救助方式：一位來自柯布拉赫的保羅．基辛格要求瑪利亞．辛馬轉告他的七個孩子（他一一報出所有孩子的名字）捐一百先令給普世傳教活動並奉獻兩臺彌撒，他便可以獲得赦免。在整個十月當中，一直不斷有煉靈要求奉獻彌撒、捐錢給普世傳教活動，款項大大小小都有，或唸玫瑰經代禱，總共有四十二次之多。所有這些靈魂都不是在瑪利亞詢問的情況下親自來找她的。

一九五四年十月，有一位煉靈說：瑪利亞可以在煉靈月中幫一些願意完成亡者心願的家屬詢問該亡者的情況，只要家屬願意配合，這些煉靈就可獲得解救，而她可以進行至十一月二十日。在這之前，瑪利亞．辛馬曾以各種方式詢問過有關一些煉靈的消息，有時她也會得到答覆。在聖母年中，她得到所有這類詢問的答覆。

從十月、十一月，一直到「聖母無原罪始胎節」為止，每天晚上都有煉靈出現，有些她只須為他們祈禱，有些卻必須承受肉身之苦。剛開始，她必須親自祈禱，但後來請願堆積如山，所以她找了其他人來幫忙祈禱，只要他們非常認真祈禱就可以了。但為亡故的教士的祈禱，則必須由教士執行。在聖母年結束後，瑪利亞享受了幾天的平靜，接著又有其他靈魂來找她，而瑪利亞都甘願接受這些靈魂，並代之受苦贖罪。

煉靈如何顯現？

他們以各種形態和方式出現。有些會事先敲門，有些卻突然就在那裡了。有些以人形出現，就像活著時一般清晰可見，且大部分都穿著日常服飾。但有些卻非常模糊，而那些受煉獄淨火嚴重煎熬的靈魂，看起來非常絕望。

他們經由肉身受苦被淨化的程度越大，就會變得越來越清晰、愉快。他們常訴說自己是如何的痛苦、如何因天主的憐憫而得免地

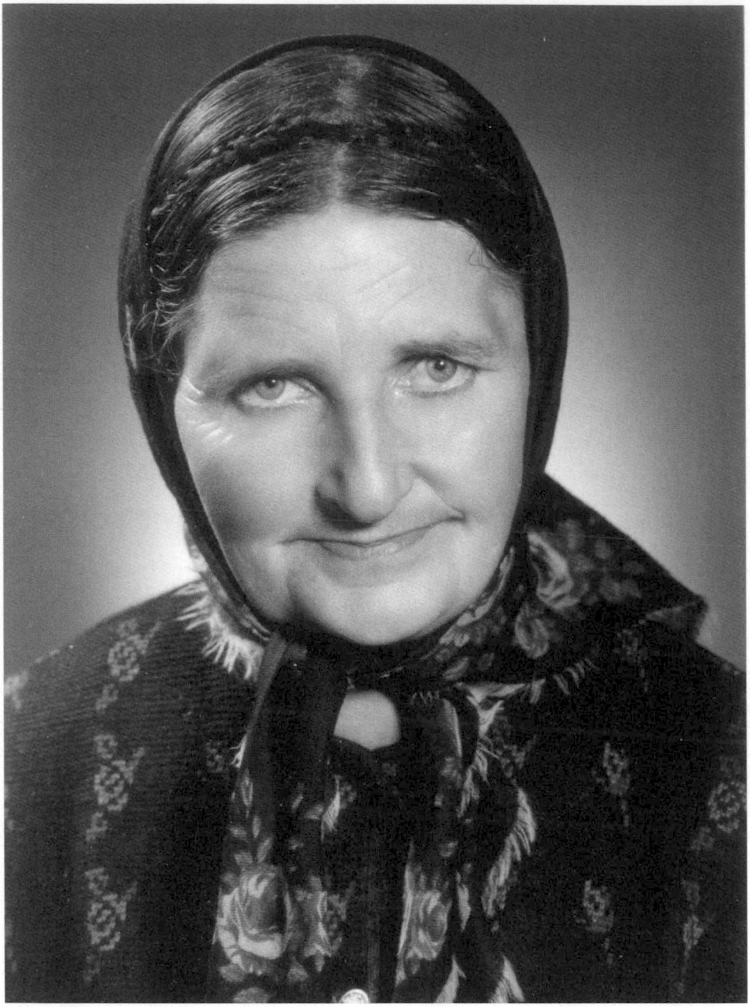

攝影：亞爾伯特・韋伯（Albrecht Weber）

談善用時間

只有在死亡之後，你們才會知道生前的每一年、每一天、每一個小時所做的事會為你們帶來什麼後果，或你們可以做些什麼事為自己帶來善果。只有到那時候你們才會明白，自己如何虛度了生命。因此，我們應該趁活著時多做好事。如果人們知道死亡是怎麼回事的話，他們會盡所有的力量，為另一個生命的開始做好準備。

——瑪利亞・辛馬

獄之苦，常常也會告誡世人。

對於某些煉靈，她會察覺到他們的存在，並知道要為他們祈禱或受肉身之苦。在四旬期內，瑪利亞・辛馬日夜都在為煉靈受肉身之苦。

有時候，有些煉靈會以華麗尊貴的形態出現。煉靈之間交談則是各用其方言，就像活著時一樣。外國人則講著非常不道地、帶著口音的德文，各不相同。

判斷煉靈顯現的真偽

煉靈顯現到底是真的，或只是想像？是個人的主觀，還是因為受到教會教誨而人為製造出來的假象？事實上，有許多證據能證明煉靈顯現真有其事。

一、瑪利亞・辛馬從小就希望幫助煉靈。她也曾充分利用贖罪日為煉靈祈禱贖罪。但在煉靈來找她之前，她從來不知道可以利用承受肉身苦痛的方法為煉靈贖罪。這些肉身之痛就像身處煉獄一般的感覺，贖罪者必須有很大的犧牲精神和強烈的意識，並甘願替煉靈受這些肉身之苦。

有一次瑪利亞．辛馬說，如果可能的話，她希望煉靈不要來得這麼頻繁，至少可以讓她睡點覺，否則她連日常工作都沒精神去做。但她得到的答覆是：「若聖母所知的沒錯的話，妳不是向她發了奉獻靈魂的誓言嗎？或者那只是虛偽的虔誠而已！所以妳應該飯煮得好一點，吃得營養一點，這樣身體才能承受得更多。一個人能承受的比自己想像的還要多，而煉靈們會幫忙妳完成日常的工作。」

什麼是夢境，什麼是清醒時的體驗，瑪利亞．辛馬分辨得很清楚。煉靈來時，會把她叫醒，跟她說話，然後將痛苦轉到她身上。她白天在工作或做家事時，也常常會碰到煉靈來找她。因為這些痛苦部分都是事前宣布的，而過了幾個小時後又突然停止，所以可以看出這不是一般的病痛。瑪利亞・辛馬常對我說，她多麼希望聖母年快點過去，因為她覺得負擔實在太重。但煉靈們常因此而責備她，說她應該遵照天主的安排。

二、有些人希望能在瑪利亞・辛馬不知情的情況下，夜間偷偷觀察她，看看是否真有煉靈出現這回事。而真的就有幾位男孩及一位叫 K. B. 的女孩這樣做。在一九五四年，聖母無原罪始胎節的前兩天，他們偷偷用梯子爬到瑪利亞・辛馬窗外的花臺上，因為這個窗戶通常是不會關上的。結果他們聽到瑪利亞因受苦而不斷呻吟哭泣，並看到她找手帕來擦眼淚。然後又聽到她和煉靈說話、提問題、做筆記的情形。

但這些偷窺者卻沒有看到煉靈。從那天開始，他們不再嘲笑煉靈顯現這回事，而變得沉著深思。其中年紀最大的一位男孩告訴我，他們偷窺瑪利亞．辛馬兩夜，觀察到她和一個煉靈交談的情形。當瑪利亞．辛馬知道這些男孩看不到煉靈時，她問煉靈為什麼會這樣，得到的回答是：「他們還活著。」

瑪利亞．辛馬說：「我也還活著，可是就能聽到、看到你們。」

煉靈回答：「妳屬於我們。我們身處在黑暗中，但通往妳的路卻是明亮的。」

瑪利亞．辛馬：「如果我拒絕你們的話呢？」

煉靈回答：「因著天主的慈愛憐憫，所以我們可以強迫妳，因為妳屬於我們。」

瑪利亞．辛馬又問：「『妳屬於我們』是什麼意思？」

煉靈說：「透過妳所發的誓言，妳用一種很特別的方法將自己獻給仁慈的聖母，而她將妳交給我們。所以許多亡靈都看到這條通往妳的光明之路。妳甘願以愛和同情接納我們，這對我們很好。妳可以讓我們不必受那麼多的苦，早日得到解脫，獲得更大的恩寵和福分，而且也可以知道更多關於妳詢問的那些煉靈的消息。」

三、只要針對瑪利亞・辛馬必須向亡者家屬所轉告的訊息查證其真實性，便可得知其真偽。（在呈給費爾德喀希市闡恩副主教的報告中有列出一長串死者人名以及他們的願望。我將大部分的消息轉交給各個堂區神父，請他們查證是否真有此人。若有的話，就請他們將消息轉達給其家屬，而大部分所得到的回答都是肯定的。）

四、從瑪利亞・辛馬為之受苦贖罪的煉靈的報導，我可以從各種不同的情況中看出，以瑪利亞・辛馬的教育程度而言，她不可能知道那些事，例如那位協助謀殺聖烏蘇拉和他的女伴們的科隆教士。一九五四年發生雪崩時，瑪利亞・辛馬從煉靈口中得知還有兩個人仍被活埋在雪堆下。兩天後，最後一位生還者終於在勃朗士（Blons）獲救。除此之外，煉靈亦事先告知瑪利亞・辛馬在聖母年中所發生的其他災難事件。

一九五四年大水災發生前兩天，她就已經向我預告有水災會發生，是煉靈告訴她的。

五、主觀而言，瑪利亞·辛馬是一位正直不做作的人。自從她開始為煉靈受苦贖罪之後，她看起來比以前更平靜、更詳和。在聖母年結束後，聖母受孕節之前的幾個月，她和一般人一樣，需要大量的睡眠。

六、瑪利亞·辛馬從煉靈處獲悉有關現今社會的現況、需求、所面臨的危險，以及因應對策等一切，和在她所承受極大痛苦時刻所體會到的認知與得到的安慰，都與天主是正義慈祥的、煉獄等教義，以及教會高層的認知和經驗一致。

七、瑪利亞·辛馬可以詢問一些煉靈的狀況並獲得答覆，這件事讓我們產生疑慮，因為我們擔心這會被好奇人士利用來製造新聞。剛開始，只有少數人來透過瑪利亞・辛馬詢問有關其亡故親友的消息。一九五四年十月開始，瑪利亞・辛馬被告知，在煉靈月中她可以為任何煉靈詢問，只要其家屬同意執行為救贖該煉靈必須做的事。

如果家屬能關懷煉靈，天主會很開心。還有一些煉靈，她可以替他們受苦，但不一定得這樣做，大部分指的是處於最底層的那些煉靈。因著仁慈聖母的慈悲心懷，這些煉靈可以為救贖請願。瑪利亞・辛瑪亦得到詳細的解說：

「他們必須自己來找妳，妳可以接納他們，卻不一定非接納不可。若妳拒絕他們，妳不會有罪，而且他們也不能再來煩妳。但如果妳心甘情願接納他們，妳也會得到更大的神恩，如此一來，我們也可以透露給妳更多煉靈的消息。」

所以，這不是為了製造轟動，而是為了替煉靈求得赦免，例如我們也可以詢問有關希特勒或史達林的狀況，但在這種情況下，她只會得到迂迴的答覆，或根本不會得到任何答覆。

到了一九五四年十一月，大家漸漸都知道可以透過瑪利亞・辛馬詢問有關亡故親人的消息。有很多人因此遠道而來，卻常常錯過了可以詢問的時間。

因為不是所有的人都能保守秘密，所以有些事件開始成為眾人議論的話題，無論事實或訛聞都漸漸傳開來。其中有兩起個案常常遭到討論批評。

第一個案例是有關一位在S城的小酒館老闆，他在一九五四年十月突然去世。他生前不是一位很熱心的教友，也不常上教堂。在詢問時，瑪利亞・辛馬得到的答覆是，因為他生前參加彌撒時根本毫無感覺，所以為他所奉獻的彌撒對他並沒有多大的幫助。但稍後，瑪利亞・辛馬又得到另一個答覆，若亡者的家屬能奉獻三千先令給普世傳教活動，他便可以獲得救贖。亡者的哥哥和妻子常祈禱，希望亡者能在聖母年獲得救贖，也願意捐出這筆錢。不久，這位煉靈便得到救贖，且獲救的原因是他在與人交談當中，常為信仰和童貞聖母瑪利亞辯護。

因為人們只知道此案例的其中一部分，因此有些人就對他能獲得救贖一事提出批評，並認為煉獄並不是什麼大不了的事。

在第二個案例中，我們可看到天主在這些事上接納人性的弱點，一方面是為了考驗我們，另一方面也是為了警告我們。這是有關一位在B城負責掌管修院的人士因交通意外而死。這位先生的姊妹請瑪利亞・辛馬詢問亡兄的情況，瑪利亞・辛馬說他已獲得赦免。但稍後，瑪利亞・辛馬看到自己在晚間所記錄的紙條，發現上面寫著，他還沒有獲得救贖。

而這時消息也在B城洩漏出來，引起眾議紛紛，那位負責人也因此受到嚴重的誹謗。瑪利亞．辛馬問一位煉靈，是不是她在記錄和轉告這消息時太匆促了，而忽略了「沒有」這兩個字。她得到的回答是：「一方面是妳的錯，因為妳做事太匆忙了。另一方面是魔鬼從中搗蛋。但這也有好處，因為人們要體會，對於這種事大家必須保持沉默，才有可能成功。雖然這對妳會造成打擊，卻對妳有好處。妳不應該知道什麼時候會有答覆，而且這也得看詢問者能否保持緘默。」

功德更大的是所謂「教父教母」式的救贖，亦即有人自願讓某些聖名的煉靈得到救贖，並為這些陌生的煉靈獻上祭品。在聖母燭光彌撒日之後，瑪利亞．辛馬不再得到這麼多答覆，最多只是在一起的兩個、三個或四個，所以無法知道群體裡的個別煉靈需要的是什麼。

而我們必須面對大眾的好奇心。所以人們應該只針對自己的親友提問題，以減少製造新聞的欲望。若要聖母瑪利亞幫助這些靈魂，我們必須保持適當的沉默，以便保有協助煉靈的神恩。

魔鬼的干預

魔鬼不只在這位意外亡故的修院管理人案子中干預，他常常來找瑪利亞·辛馬，並且嚇唬她、阻礙她進行救贖煉靈的工作。有時候，魔鬼會以光明天使的形象出現，有一次還以年輕的萊許神父的模樣出現（他曾是瑪利亞·辛馬的告解神父）；而另一次則以聖若瑟之家的駐院神父——沙特勒神父——的樣子出現，向瑪利亞·辛馬說要把她封為聖人，讓人家為她感到驕傲。然後又以哈爾（Hall）的耶穌聖心修女會會長修女的樣子出現。

當魔鬼以萊許神父和院長修女的樣子出現時，他們要說服她收回犧牲奉獻的誓言。瑪利亞·辛馬卻發現，這些都只是魔鬼的化身，於是她將他們驅走：「若你是魔鬼，我以耶穌之名命你離去！」她灑下聖水，結果這些幻象都消失了。

這種情形在一九五四年的耶穌受難週中特別嚴重。雖然聖母瑪利亞之前已宣布，這個星期中她必須做更大的犧牲和接受更嚴苛的考驗，而且她必須自己單獨承受這一切。對於這些情況，瑪利亞·辛馬做了以下的記載：

一九五四年四月十日到十七日之間，我幾乎都處於魔鬼的魔掌中。我覺得自己身陷地獄，而不是在人間。魔鬼對我說，我常常告解和領聖體時不誠實，有一次差點犯了大罪，卻完全毫無感覺地離開了。我說：「我根本不知道！」

然後魔鬼又說：「妳的良知一直很遲鈍，所以妳會越來越受我們的掌控。煉靈救贖這回事只是我們製造的幻象。根本沒有任何煉靈獲得救贖，我們早就跟妳講過了。妳只是蠢到根本沒有發現。而現在妳必須痛苦地接受這個事實。」他又說，由於我是因愚蠢而下地獄的，所以他就對我寬容一些，不把我放到地獄中最恐怖的地方。總而言之，我真的以為我已經到地獄去了。

之後，魔鬼製造出巨大的響聲，好像整個房子要塌下來或要燒起來一樣，或是我房間裡會出現一把火，或是好像有人在我床前猛射了一槍。

曾經有一位煉靈安慰我：「妳也會受到邪惡敵人（魔鬼）的折磨，所以妳不必驚訝。那些在煉獄中的靈魂也會受到試探者（魔鬼）的折磨，有時甚至非常地殘酷。這些試探和折磨的目的不是為了把人逼死，而是為了淨化他們；不是為了引起憤怒，而是為了引起慈悲之心，因為這些靈魂不是憤怒，而是慈悲的工具，為永福而保存的慈悲。我警告妳，撒旦對妳非常憤怒，他極盡所能要誘惑妳。若他可以隨心所欲地折磨妳的話，他會把妳碎屍萬段。妳會完全無法得到或閱讀有關協助煉靈的任何訊息。

「但他只能在天主容許的範圍下對妳施加惡行，而妳又受到聖母的特別護佑，魔鬼對聖母簡直是聞之喪膽。雖然如此，他還是會儘量找各種機會進行報復。他甚至想讓妳在迷亂當中違反妳對聖母所發過的犧牲奉獻誓言，如此一來，妳就無法再和煉靈取得聯繫了。

「我警告妳，他曾成功地對別的煉靈做過類似的事，甚至還陷害一些靈魂下到地獄裡去，而那些被魔鬼陷害的靈魂會很高興看到妳落到和他們一樣的下場。但是妳不需要恐懼、不必驚慌，而要勇敢！妳越是謙虛，他們對妳越是沒辦法。而且我們也會幫你，仁慈的聖母更會幫妳。」

一九五四年十二月二日從晚上九點至凌晨四點三十分，我感到全身陷入一片炙熱的痛楚，覺得自己被遺棄了。偶爾我會聽到地獄傳來的聲音，覺得非常害怕。我聽到魔鬼說：「我們快來捉妳了，妳這個笨東西！」那簡直可怕極了！同時我也覺得很絕望。最糟糕的是，我覺得天主遺棄了我，我無法祈禱，覺得自己已經成為魔鬼的囊中之物。

凌晨四點三十分，那陣炙熱的痛楚和內心極度的恐懼突然消失。

人們的反應

協助煉靈這件事傳開後，便引起一陣騷動，因為這是前所未有的事。有人認為，從來沒有人從陰間回來過。有些人馬上就相信了，而另一些則抱持懷疑的態度；更有人駁斥這一切，但也有很多人希望與亡故親友取得聯繫，而來參與協助煉靈的工作。他們很熱心地到處宣傳，並且說，只要能幫忙，我們就應該儘量幫忙，煉靈需要協助。如果我們死了，也會很高興有人能以各種善行來幫助我們。

另外有些人則認知到永生的確存在，這使他們覺醒，更讓他們忐忑不安。又有一些人認為，若這些事不是發生在瑪利亞．辛馬的身上，他們就會相信，因為她看起來太單純、太窮、太卑賤了。

為何要捐款？

要求家屬捐款給普世傳教活動或奉獻彌撒來幫助煉靈這件事，讓許多人覺得很奇怪。瑪利亞沒有從中拿到任何一毛錢，所有的捐款都交到本堂神父那裡，因為藉由施捨與善行，可以給予煉靈很大的幫助。這就是為什麼有時候某些亡靈會要求金錢奉獻的原因。

目前，對傳教事業提供金錢奉獻是很好的善功，因為傳教目的國通常很貧窮，尤其是非洲和南美洲的國家，若有適當的協助，傳教工作會有很大的收穫。每一位教友都有義務協助進行傳教工作，但有些教友卻忽略了這項義務。況且有些煉靈因為一些未償清的罪債，或立下不公平的遺囑，或因為其他不義的行為而未獲得赦免，因此需要做這些善行贖罪。如果有人布施或把錢捐給瑪利亞・辛馬以支付其生活，我不能因此而見怪。瑪利亞・辛馬毫無所求，她做這些完全是無償的、免費的。以她這般貧困的生活而言，她當然可接受施捨，因為她為協助煉靈確實付出很多。

煉獄淨火的現象

「到處都有煉獄淨火的現象。」有一次瑪利亞・辛馬回答別人所提的問題：「那些煉靈不是來自煉獄淨火，而是身上就帶著煉獄淨火。」瑪利亞・辛馬看過各式各樣的煉獄淨火現象，每次都不一樣。

煉獄中有很多靈魂，一直來來去去的。有一次，瑪利亞・辛馬看到許多她不認識的煉靈，那些違背信仰的靈魂心中有一把深色的火焰，而那些因不道德行為而犯罪的靈魂心中，則帶有一把紅色的火焰。

有時她會看到成群的煉靈，有神父、修士、修女；有天主教的，基督教的，也有異教徒的煉靈。天主教的煉靈必須比基督教的受更多的苦，而異教徒的煉獄淨火是最輕微的，但他們能得到的協助也是最少的，所以要受比較久的苦。天主教徒得到的協助最多，所以也就比較快獲得救贖。

她也見過許多因冷淡和不愛的行為，而必須接受煉獄淨火懲罰的修士和修女，甚至有六歲大的小孩就已長時間承受煉獄淨火的懲罰。

瑪利亞從煉獄淨火所獲得的啟示是：天主的愛和正義是很平衡的。每一個靈魂都因他所犯錯的方式和動機，而獲得不同的處罰。

煉靈們受苦的程度各有不同，有些煉靈受的苦，就像有些人在世間要過一輩子苦日子一般，必須等待天主的眷顧。受一天強烈煉獄淨火的煎熬，等於受十年輕微的懲罰。科隆的那位修士從西元五五五年一直到一九五四年耶穌升天節為止，一直受煉獄淨火的煎熬，若不是瑪利亞・辛馬為他承受肉身之苦，他還必須一直受折磨到最終審判日。有些靈魂則只須受半小時煉獄淨火的懲罰，或甚至更少，只是飛過去而已。

魔鬼可以折磨煉靈，尤其是那些使別人下地獄的煉靈。而煉靈們常常有耐心地承受煎熬折磨，並讚美天主的仁慈，讓他們得以免除下地獄的命運。他們常向仁慈的聖母瑪利亞乞求，而瑪利亞・辛馬也看到許多等待聖母協助的煉靈。

若有人認為煉獄淨火沒什麼大不了而繼續行不義之事，他們必須付出很痛苦的代價。

我們該如何幫助煉靈？

一、最有效的是奉獻彌撒，這是無法以其他方式代替的。

二、刻苦。無論是肉身或心靈痛苦，只要是為煉靈而犧牲奉獻，都可以減輕他們的刑罰。

三、除了奉獻彌撒之外，唸玫瑰經是協助煉靈第二種最有效的方式。每天都有無數的煉靈因玫瑰經而獲得救贖；不然的話，他們還必須承受更久的煎熬。

四、拜苦路也是可以減輕煉靈痛苦的一種方式。

五、煉靈說，最寶貴的莫過於獲得赦免，這是天主透過耶穌為人類犧牲其性命而成全了赦免人類的行為。那些在世時常為煉靈爭取到赦免的人，在臨終時也會獲得更大的神恩，並在死前就獲得完全的赦免。

不利用教會這些珍貴資源去幫助煉靈是一件惡行。這就好像你站在一座金礦面前，可以隨意拿取其中的黃金來幫助那些一無所有卻無法前來拿取的人，然而你卻完全不願伸出手去給予。

在有些地方，為求赦罪而祈禱的風氣已日漸衰微，即使在瑞士也是如此，但大家應努力為獲得赦免而祈禱。

六、施捨、善行以及對普世傳教活動的特別捐獻。

七、點燃祝聖過的蠟燭對煉靈也有幫助，因為這是一種關懷和愛的行為。一來是因為這些蠟燭是被祝聖過的，二來這些燭光會為煉靈在黑暗中照亮前路。

有一位十一歲大的煉靈要求瑪利亞為他祈禱，他是皇家成員之一，卻正受煉獄的煎熬，因為他在追思已亡日時在墓地把蠟燭弄熄並偷出來玩，而祝聖過的蠟燭對煉靈而言是非常寶貴的。在聖母燭光彌撒時，瑪利亞·辛馬在為其他兩位煉靈受肉身之苦贖罪的同時，還必須為這位小煉靈點燃兩根蠟燭。

八、灑聖水亦可減輕煉靈們的痛苦。有一次瑪利亞・辛馬在離去前給煉靈們灑了一些聖水，他們一直叫：「再多一點！」

所有這些方法對煉靈都有不同程度的幫助。若有人生前不重視參與彌撒，那他在受煉獄的煎熬時，彌撒對他亦毫無幫助。一個心胸狹隘的人得到的幫助相對少，但活著時心胸開放的人就會得到許多幫助。曾有一位煉靈在世時並不重視參與彌撒，但因為他生前曾為另一位煉靈奉獻過八臺彌撒，所以被允許以八臺彌撒來減輕他所受的煉獄之苦。

聖母瑪利亞與煉靈

對煉靈而言，聖母瑪利亞是仁慈之母，當她的名字在煉獄中響起時，煉靈們都非常高興。在聖母升天節時，有一位煉靈說，聖母瑪利亞在逝世時懇求耶穌，讓所有當時在煉獄中受苦的靈魂都獲得救贖，而耶穌在聖母升天時成全了她這個願望。於是那些煉靈當時就和聖母瑪利亞一起升天了，因此她被加冕為「仁慈之母」及「天主聖寵之母」的名號。瑪利亞・辛馬看到聖母常在煉獄中來來去去，並依照天主的旨意來施行赦免。

煉靈與亡者

在諸聖節前一天晚上，有一位煉靈對瑪利亞・辛馬說：「在福拉爾貝格明天會有兩個人去世，而他們進地獄的可能性很大。若有人能一直為他們祈禱，他們便可能避免下地獄。」於是瑪利亞・辛馬便為這兩個人祈禱，也有其他人和她一起祈禱。隔夜，又有一位煉靈來告知，這兩個人已免於下地獄之苦，現今正在煉獄中。其中生病的那一位在死前接受了傅油聖事，而另一位卻拒絕接受。

根據煉靈們的說法，許多人之所以入地獄是因為太少人為他們祈禱，我們應該每天在早禱和晚禱時唸贖罪經：

耶穌，祢如此的喜愛我們，因著祢聖心臨終時的痛苦以及祢的母親所承受之痛苦，我們懇求祢，以祢的聖血赦免那些垂死以及今日會亡故罪人的罪。

耶穌聖心，祢戰勝了死亡的恐懼。求祢憐憫那些死去的人。阿門。

瑪利亞・辛馬曾經看過許多煉靈站在一個天秤上，一邊是地獄，另一邊是煉獄。

警世良言

煉靈們常為活著的人以及天主的國度擔憂。這可以從他們給瑪利亞・辛馬的警告中看出：人們不應一味抱怨如今的社會很亂、道德敗壞。家長們應該知道他們有很大的責任。父母不應該只因為受不了孩子的吵鬧就滿足他們的要求和欲望，這只會寵壞孩子，並養成他們狂妄自大的個性。

很多孩子到了入學年齡都還不會劃聖號、唸天主經、完全不認識天主，而家長卻把責任完全推到主日學老師的身上。

若孩子從小不接受宗教教育，長大之後便無法持之以恆，我們必須教導孩子拒絕各種誘惑。為什麼今天會有這麼多人遠離教會、道德沉淪？因為孩子們沒有學會拒絕誘惑，以致於造成許多人不知足和不知節制，別人做什麼他都跟著做，凡事只求舒適安逸。

這就是為什麼現今的人利用各式各樣的避孕方式，過著很隨便的性生活，並且有許多墮胎（謀殺胎兒）事件的原因。這些被謀殺的胎兒向天主吶喊他們要報復。今天在世界各地因墮胎而死亡的胎兒數目，比出生的嬰兒還多，甚至有十四歲的少女就去墮胎的案例。所以有關墮胎的法律應該更嚴格。若有醫生被發現替人墮胎，他必須向所屬的機關登記，否則必須擔負更大的罪責。

若孩子在小時候沒有學會拒絕誘惑，長大後就會變成一個自私、無愛、占有慾強烈的人，所以今天世界上才會有這麼多仇恨和不愛的行為。若我們希望改善如今的社會風氣，我們必須先教好我們的孩子。

許多人還犯了破壞別人的婚姻、誹謗和欺詐之罪。這是從何而來？是從我們的思想而來！所以我們必須學著去除這些不愛行為的思想和念頭，而這必須要從小開始學習。若我們能拒絕、反抗這些無愛行為的思想，我們就不會因無愛而受到審判。

每一位天主教友都有傳教的責任，不管是以專職的身分或樹立好榜樣以身作則。有人抱怨，那些傷風敗俗和背叛宗教的言論會腐化人心。那為什麼其他人都保持沉默呢？好人也應該為自己的信仰和立場辯護，承認自己是基督徒。在教會的歷史裡，拯救靈魂和基督宗教文化有比現在更迫切嗎？我們應該讓所有基督徒都認識天主的國度，否則以後大家就沒有辦法認出天主的旨意。我們不應太過於滿足肉身的需求，而忽略了對靈魂的照顧。

在一九五五年一月二十二日晚上，我清清楚楚聽到一個聲音說：「天主要世人贖罪。」經由自願奉獻和祈禱就可以贖罪。若你們不自願贖罪，天主就會強迫你們贖罪。所犯的罪一定要贖。

結論

綜觀上述，可以看出瑪利亞·辛馬對煉靈有特別的聖召，這更可以從一九五四年十一月二十一日的一段記載中看出：

「我常常想，該如何叫那些煉靈去找別人。為什麼他們不直接去找自己的家屬？如此一來，我向他們轉告時不就簡單多了？結果就來了一位煉靈，把我狠狠地訓了一頓：『妳不應該違背天主對妳的計畫。天主依照自己的意願分配神恩。妳永遠沒有權力叫煉靈去找別人。天主不是因為妳有功勞而賦予妳這項神恩。若談到功勞，功勞比妳大的人多的很。雖然妳從小就對煉靈提供很多幫助，但那也是一項很大的神恩。一些煉靈比妳更會運用這項神恩。除了那些在世時行神蹟的聖人之外，世上有許多不為人知的大聖人；他們雖然沒有權力行神蹟，但他們的聖性卻比那些天主賦予行神蹟能力的聖人更大。

「『我們不能忘記：那些蒙受更大神恩的人，天主對他們的要求也更多。天主希望我們向祂祈求神恩，誠心和持之以恆地祈禱，天主一定會聽到。而這對祈禱者而言是最好不過的事了。』」

我相信透過這些敘述，大家應該對整個事情已有完整的了解。我將一九五三年諸聖節到一九五五年二月間，瑪利亞·辛馬所經歷到的一切和她自己記錄的所有資料彙整並進行查證，其中瑪利亞·辛馬自己所做的筆記則原封不動地呈現在讀者眼前。這整件事是傳教事業，也是協助煉靈的工作。每個人都可以依照自己的標準來對此下評斷。我們只是希望，即使拒絕相信這一切的人，至少也給瑪利亞·辛馬一個公平的評斷。

駐桑達本堂神父艾馮士·馬特

一九五五年二月二十日於桑達

Book 2

第二部　我與煉靈接觸的經驗

無論如何，我們都不可以一開始就完全拒絕相信，天主可以在任何情形下允許一個脫離軀體的靈魂，或一個身處煉獄的靈魂以任何方式來影響活著的人。當天主讓一個陰間的靈魂向活人說話時，祂的目的是為了拯救這些靈魂，而天主一向有此意。透過這種非常特殊的方法，祂將一個人的靈魂聖化——而不是為了滿足人們的好奇心或引起驚慌恐懼。

——柯魯格（J. Klug）博士，《天主教的信仰》

若一個煉靈能透過悔改和認罪來淨化自己的話，他的罪便可立刻得到赦免。但他從這些事件的啟發中所領悟到的悔恨之痛是如此劇烈，使得他無法與其最高生活目標——愛與天主——結合為一。

——聖卡特苓娜，《論煉獄》

為何天主允許這樣的事？

有些人自問，死去的人有可能出現在活人面前嗎？為什麼主會允許這樣的事發生？這可不是為了滿足人們的好奇心！如果主的仁慈允許這樣的事發生，表示這是屬於神恩治療人靈計畫的一部分。因此，對於這些事情，我們應該以下面的態度去接受：對我們活著的人而言，這是提昇心靈；對於亡者而言，這是一大安慰，因為他們可以很快獲得救贖，不必再受苦。這些事要傳達給我們的訊息是：我們應該多為煉靈祈禱和犧牲奉獻，而不要太過於眷戀塵世間的一切。

現今最大的危機是人們生活得太安逸。但是我們必須多為永恆的生命付出努力，因為只有那是真正永恆的。我們不應只把心思放在現世的事物上，這些短暫的東西是我們死後無法帶走的。廣大的土地、興隆的事業、美麗的房屋——這些都會消逝無蹤，而且消逝的速度甚至比我們想像中還要快，只有善功是我們死後唯一能帶得走的。

當然，活著時，我們需要物質來生活，但重點是，我們不應把全副心靈都放在物質上，這是煉靈顯現現象的意義和目的。而其他個人所體驗的聖蹟顯現，其啟示也是如此。天主之所以允許這些超自然聯繫，就是為了這個目的。我們也希望仁慈良善的天主能一直為此而賜給我們祝福和神恩。那些蒙受天主賜予特別神恩的人，通常在孩童時就能感受得到。但也有很多情況是長大後才感受到的。

天主的道路非常神奇，而且深不可測。就像聖奧斯定（St. Auqustine）的例子告訴我們，一個大罪人可以成為大聖人，而掃祿〔掃羅〕可以瞬間就成為聖保祿宗徒〔使徒保羅〕❶。

謹慎對待個人體驗的神蹟啟示

人們常常難以理解，為什麼天主教教會對個人所體驗的神蹟啟示要這麼謹慎對待，這是有原因的。事實上這樣也好，因為教會是真理的護衛者；寧願教會將十件這類的事件宣布為不真，也不要一件經教會宣布為真實的事，到頭來卻發現那是假的。但只要這些啟示與基督信仰的理論一致，教會亦不應該拒絕它們，即使這是神學尚未能解釋的啟示。

我曾被布魯諾．衛希納主教召見。他說：「我很懷疑，向煉靈詢問其他亡靈的消息也是天主的旨意。」我回答：「我曾經問過一位煉靈：『關於那些我向你們詢問的那些亡靈，你們是如何獲得

注❶掃祿，於西元二年或三年生於小亞細亞之塔爾索，父母為猶太人，因出於對猶太教和祖傳法律的熱誠維護而竭力迫害新興的基督教會，就在他前往大馬士革的途中，耶穌顯現並特選其為宗徒；自此到處傳教至外邦地區。

消息的？』我得到的答覆是：『我們是從聖母瑪利亞那裡獲得消息的！』」

接著主教表示，基本上他們不應該介入此事。拜託！在天堂與人間之間還有很多事是神學還無法解釋的！最後，主教表明，我不可以期望他被問到有關我的事時，他會承認這是真的。因為只要當事人還活著，教會不能如此做；我們必須有一個正確的觀念，教會是非常嚴謹的，因為即使一個真正蒙受神恩的人，也有可能有背棄這項神恩的時侯。沒有人能完全拒絕魔鬼的誘惑，因此，這樣的人特別需要一位好的心靈輔導，這是對抗魔鬼誘惑的最佳保護。

公開或守密？

常常有人問我，為什麼煉靈會來找我。這絕對和我的信仰虔誠無關，比我虔誠的人多的很，但煉靈不會找他們，超自然現象事件不是聖性的判斷標準。完善的準則是，而且永遠都是——愛；對天主、對人，真正的、無私無我的愛。因為愛，基督的信徒願意受苦，沒有十字架和刻苦，我們無法克服現世生活的種種困難。

曾經有一位煉靈說：刻苦是最有效的。我們應以極大的耐心承受這些苦痛，並以犧牲奉獻的精神將苦痛託付在聖母瑪利亞的手中，讓聖母隨時可以運用這些善功；因為她知道誰最需要這些善功，也知道用在哪裡可達到最大的效果。

當然，告訴別人要耐心受苦比自己親身受苦容易多了。我知道什麼叫受苦，就因為這很難，所以才這麼寶貴。

到底煉靈為什會來找我，我自己也不知道。當然煉靈也可以去找其他人。我在福拉爾貝格就認識了兩個這樣的人，但他們都已去世。在世界上，一定還有很多其他受到煉靈拜訪的人，只是他們都鮮為人知。他們的任務一定和我的不一樣。

若不要將這些事情公開，做起來會容易得多。因為其中實在有太多我無法明白的事，所以常常會被人瞧不起，尤其常常會被神父（修士）們瞧不起。因為他們大多是有學問、想了解一切的人。然而，天主的行徑是高深莫測、難以理解的，所以我們必須謙卑地服從，而這種美德現今已不多見。

我要入修院

從小我就覺得，天主要我做特別的奉獻。我在讀小學時就一直想知道，那究竟是什麼樣的奉獻。小時候，我常常必須走很遠的路去拿牛奶，路上會經過兩個儲藏乾草的小木屋。我常常想，在這條路上，慈愛的主一定會告訴我，祂要我做什麼。所以我就和祂約定，並祈禱：「主啊！祢是無所不能的！當我經過這些儲草屋時，祢可以在裡面放張小紙條，告訴我，我該做什麼。」我一而再、再而三地到小屋去找，可是什麼都沒找到。久而久之，我變得不耐煩了。於是我就對天主說：「主啊，如果我無法發現祢要我走的路，這可不是我的錯。」

當我完成學業時，我想，我應該馬上進修院，也許這是天主所願。所以我十七歲那年就進入位在提洛區哈爾（Hall）的耶穌聖心修院。卻因為健康的緣故，一年後就得離開。

接著，我又想馬上進入另一家修院。這一次，我去的是在波登湖畔布雷根茨（Bregenz）附近，位於塔爾巴赫（Thalbach）的多明尼各女修院。但才第八天，院長就對我說：「我們當初就已經跟妳說過，妳身體太弱了，不適合我們的修院。」

不能留在修院

之後，我又去位於蓋邵（Gaissau）的方濟各修院，因為這間修道院會派遣成員出去傳教，我心想，這正是我要去的修院，我的任務就是讓別人認識天主。若要我去唸師範學校而成為女老師，我自認實在沒有這個天分。所以我就進入修道院，以後就可以去傳教。

我向天主說：祢現在一定得施展大能，讓我能留在修院裡，否則以後我不要再進任何修院了。西元一九三八年，我進入方濟各修院，我很喜歡那裡，但院長卻多次對我說：「妳是我們全部修女中身體最弱的……。」雖然如此，我心裡仍懷著一絲希望，只要田裡的活告一段落，我一定可以撐下去。

但收穫的工作才結束不久，院長又對我說：「對我們而言，妳真的是太虛弱了！我實在沒辦法再留妳在院裡。」

第一位煉靈造訪

我想，這下可什麼都沒有了！我沒有找到天主要我走的路，而天主也沒有告訴我該做什麼。我失望了很長的一段時間，但我一直告訴自己：這不是我的錯，我已經盡力了。

從小，我就非常喜歡煉靈；而我的母親也非常重視煉靈，常常教誨我們：「若你們有很大的願望，就求煉靈幫助，他們是很好的幫手。」

一九四〇年，第一位煉靈來造訪我。當時我正在睡覺，卻聽到有人在我房間裡走來走去。於是我就醒來，想看清楚到底是什麼人。我本來就是個不易被驚嚇的人，除非一個煉靈突然衝到我面前。我看到一個陌生男人在我房間內慢慢地走來走去，我很生氣地問他：「你怎麼進來的？你要幹什麼？」

可是他好像根本沒有聽到我說話，還是在那裡走來走去。「你是誰？」我又問，還是得不到任何回答。我從床上跳起來，想要一把捉住他，可是捉到的卻只是空氣，他不見了！我躺回床上，又看到、也聽到他在那裡走來走去。這時候，我已完全清醒。我問自己，為什麼我可以看到、聽到這個人，可是卻摸不到他？

我再度起來，慢慢走到他身旁，想捉住他，卻又什麼都沒摸到。他就這樣消失了！這時候，我心裡開始覺得毛毛的，於是又躺回床上。那時已經是清晨四點鐘，他之後沒有再出現，可是我也沒有再睡著。

隔天，彌撒後，我去找我的靈修輔導馬特神父，並告訴他這一切。

「若再有這種事情發生，」他教我：「不要問『你是誰？』而應該問：『你要我做什麼？』」第二天晚上，那個男人又出現了，和前一天晚上一模一樣。我就問他：「你要我做什麼？」

終於，他回答了：「奉獻三臺彌撒，我就可以獲得救贖。」

這時我才知道，他是一個煉靈。當我告訴神父這件事時，他同意我的看法。從一九四〇年到一九五三年之間，每年只有兩到三位煉靈來找我，而且通常是在十一月，所以我並不把這件事當做是一件特別的任務。我每次都將這些事向我的本堂神父，也是我的靈修指導馬特神父報告，他建議我，不要拒絕煉靈，而是要心甘情願接受他們。

代替煉靈受苦

隨後，煉靈要求我替他們受肉身之苦，那真是極大的痛苦。煉靈出現的時候，他們會用各種方式叫醒我：敲門、叫喚，甚至扯我。然後我就問他們：「你要什麼？」或「我該為你做什麼？」然後他們會告訴我他們的要求。

有一個煉靈問我：「妳可以為我受肉身之苦嗎？」我覺得這很特別，因為從來沒有煉靈提出過這樣的要求。我就說：「可以啊！

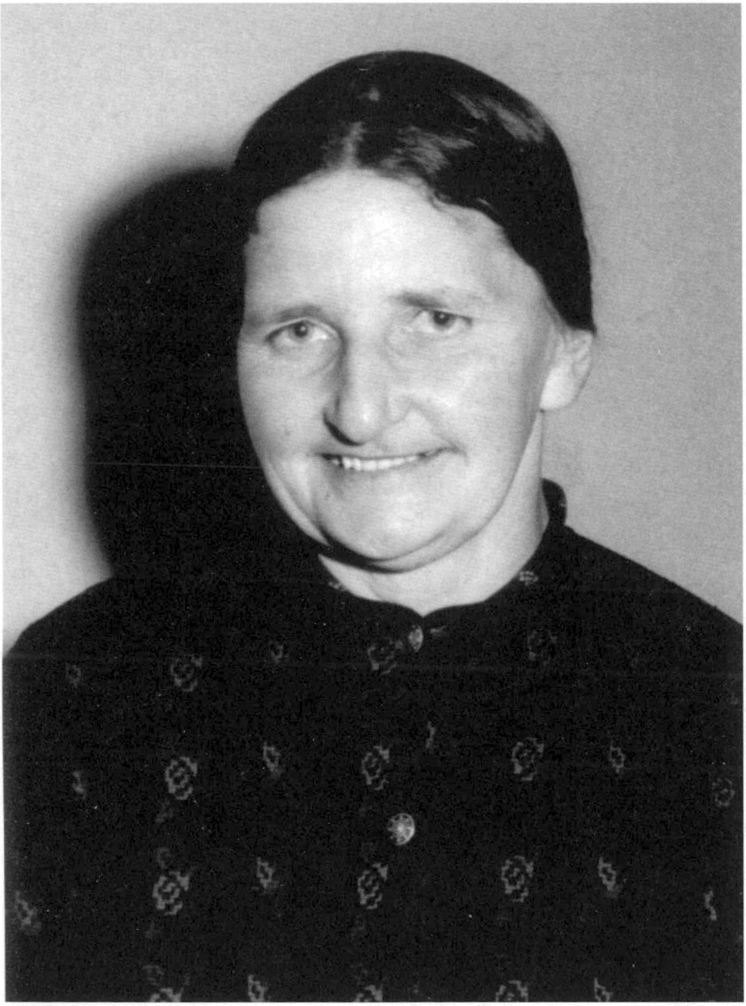

有關愛天主及愛近人

雖然教會常常談到，我們要愛近人，這件事卻很少付諸實現，因為很少人能解釋：真正能愛近人之心是來自於對天主的愛。因為愛天主的人，也會因他對天主的愛而去愛他周遭的人。

——瑪利亞・辛馬

我要做什麼？」他回答：「妳全身會有極劇烈的痛楚，而且會持續三個小時。三個小時後，妳可以起床，做妳日常做的工作，就好像什麼事都沒有發生過，這卻可以減少我二十年的煉獄之罰。」

我就接受了。突然，一陣極巨大的痛楚襲擊我全身，即使意識上我清楚的知道，這只是替　位煉靈所受的痛楚，而且只要三個小時，但我卻痛得簡直不知道自己身在何處。我突然想到，這三個小時應該早就過去了，但感覺上即使沒有三個星期，至少也有三天那麼久。可是當痛楚過去之後，我看了鐘，的的確確只有三個小時。雖然我常常只要受五分鐘的痛楚，卻覺得那簡直是天長地久！

轉告家屬使事情曝光了！

一九五四年是「聖母年」，每天晚上都有煉靈造訪。有時他們會告訴我他們是誰，叫什麼名字，死亡的時間和地點等等，然後要求我向他們的家屬轉告一些訊息。

就因為如此，事情就逐漸曝光了。但我非常不喜歡這樣，我寧願只有馬特神父和我知道這些事。我常常必須將煉靈要求轉達的訊息寄到很遠的地方去。有時候，我也必須轉告家屬歸還不義之財，而且還必須明確指出是哪些東西。在有些案例中，家屬事前對那些事都一無所知，後來卻發現都是真的。

不只晚上，白天煉靈也會來。「聖母年」過了之後，煉靈不再每晚造訪，平均每星期大約只有兩到三次。有時甚至一整個星期都沒有任何煉靈出現。

他們最常在每個月的第一個星期六，或某個和聖母瑪利亞有關的節日出現，或在守齋期，尤其在聖週❷內有許多煉靈出現，接著就是十一月❸和將臨期❹。

我認識這些煉靈嗎？有一些是我原本就認識的，我會馬上認出他們；但其他的我都不認識，除非他們告訴我他們是誰。通常他們出現時，都穿著日常工作的衣服。

我可以叫煉靈去找別人嗎？不、不行！我很想這麼做，我特別想叫煉靈們去找那些不相信並嘲笑「煉靈顯現」的人。我常被問到：我能不能召喚煉靈出現？答案是：不、我不能。天主允許他們來尋求協助以獲得救贖時，他們才能來。

如果不相信煉靈顯現，算是一種罪嗎？不，這不算是教條或教規，所以教友並沒有義務去相信這些事。但不管如何，我們不應該嘲笑這類事情！

注❷即紀念耶穌受難的那個星期。
注❸即天主教的煉靈月。
注❹即聖誕節前的四個星期。

煉靈對活人所知多少？

對於我們和發生在我們周遭的事，煉靈知道的比我們想像的還多。例如，他們知道誰有參加他們的葬禮，參加的人是否有祈禱或只是出席卻完全沒有祈禱——這在現在是常有的事；或參加的人是否在奉獻禮儀之後就離開，不參與彌撒，但彌撒對煉靈而言是最有幫助的。

若我們不只是和送葬隊伍把棺木送到墓地，而是全心誠意地參與彌撒，這對死者反而比較有幫助。但很多人參加葬禮只是為了讓別人看到他有出席，這對煉靈的幫助並不大。煉靈們甚至知道別人談論有關他們的事和所做的事。他們比我們所想像的還要接近我們，他們就在我們身邊。

什麼可以幫助煉靈？

最寶貴的莫過於奉獻彌撒，但這也只有該亡者生前也重視彌撒的情況下才有效。這原則是：有因必有果。除此之外，不只是周日和假日的彌撒，平日彌撒也算數。

當然不是每個人都可以參加平日彌撒，每個人都有他的工作、責任和義務要履行。

但有些人在不疏忽自己責任的情況下可以去參加平日彌撒卻不去。例如說一位退休的人，很健康，可以起床，住在教堂旁邊，但他卻對自己說：星期天我有義務去參加彌撒，但平日就免了吧！有這種想法和做法的人，死後必須等很久才會有一臺對他有很大益處的彌撒，因為他生前根本不重視彌撒。

若大人不能去參加彌撒，可以讓小孩去參加。現在幾乎都看不到小孩參加平日彌撒。若人們知道，一臺彌撒對永恆的生命有多麼寶貴的話，那麼平日聖堂也會爆滿的。在臨死前，我們平常誠心誠意所望的彌撒是我們最大的寶藏，那比我們死後為我們所舉行的任何一臺彌撒都還要寶貴。

很多父母和老師都抱怨現在的小孩都很頑皮，難以管教，這不是沒有原因的。以前學生每天都參加學校的彌撒，祈禱和領聖體給予他們力量，他們學會服從和做事盡責的態度。彌撒和領聖體給予孩子的神恩，是任何父母、老師、主日學老師都無法給予的。

常有人問我，點蠟燭和油燈也有意義和價值嗎？當然！尤其是祝聖過的蠟燭更為寶貴。即使是沒有祝聖過的燈和蠟燭，也是因為我們對亡者的愛而購買的，而所有出於愛的行為都是很寶貴的。

如果我們能誠心誠意的使用，聖水也是很重要的。不管我們是大把大把地倒，或者是只灑幾滴，功效都是一樣的。但更好是常滴

一、兩滴，並為煉靈做簡短的祈禱。很不幸的是，現今許多家庭裡都沒有一瓶聖水，所以也沒有機會給煉靈灑聖水了。

哪一種罪會在煉獄中受到最嚴重的處罰？

違反愛德、不忠於婚姻、誹謗、不與人和好、因貪念和嫉妒所起引的爭吵等罪，會受到嚴重的處罰。例如：如果我們以充滿愛的態度好好對待一個遊手好閒的人，他有機會可以成為一個正直有用的人；但如果我們嘲笑他、拒絕他，並且對他落井下石，這會對我們的靈魂造成嚴重的負擔！獨居的老人常常抱怨沒有人幫忙他們，雖然離他們不到十公尺外就住著年輕人，但這些年輕人卻完全沒有想到替這些年邁無助的老鄰居鏟雪、清出一條可以走的路。我們應該知道，在死後，這些永恆的愛德行為可以獲得最高的報酬！

人們因缺乏愛的言行所犯的罪簡直無以計數。如果我們都遵從聖母瑪利亞的教誨——要有愛德並善待所有的人，我們可以讓許多人棄惡行善，就不用怕共產主義會盛行。語言可致人於死地，亦可治癒人心；愛可以使人遠離罪惡。我們尤其應該善待我們的敵人。耶穌曾說過，善待那些對我們好的人，非基督徒也可以做到；但善待那些對我們有敵意、不友善的人，才是真正的基督徒精神，這也是天主要我們做的事。如此一來，我們可以把許多敵人化為朋友，而且也可以避免許多煉獄刑罰。

煉靈在煉獄中如何受苦？

煉獄中的刑罰各式各樣、不盡相同，世上有多少種不同的靈魂，就有多少種不同的煉獄之火。每一個人都有仰望天主的心，而這是所有痛楚中最深刻的錐心之痛。除此之外，我們犯什麼罪就會受到什麼的處罰，這和活著時是一樣的：吃太多的人，就會肚子痛、變胖；煙抽得太多，就會尼古丁中毒或罹患肺癌。沒有任何靈魂能離開煉獄再度回到人間生活——回到原來所在的黑暗深淵——因為他們經歷了一些我們完全無法知道的事。

他們期待煉獄之火淨化自己的過程，就好像黃金在火裡熔化後能去除雜質一樣。你能想像有哪一個少女會衣衫不整、蓬頭垢面地去參加生平的第一次舞會嗎？位於淨化之地的靈魂看到的天主是光明無比的！天主是如此光明透徹、完美無缺、潔淨無瑕，因此即使天上所有的力量，都無法使一個有一點點瑕疵的靈魂敢走到天主面前。只有光潔無瑕、十全十美的靈魂，才敢面對那永恆的光輝和天主的完美。

我為什麼要到處演講？

煉靈們對我說：「只要別人要求妳，不管是哪裡，妳都應該去。

這是妳的傳教使命。」而教會也要求，即使是剛進修道院的實習生也應該多傳教。每一位天主教徒在領受堅振聖事時都有一個任務，即在領受這項神恩之後，就要為信仰和真理作證。因此，我也有義務到處演講。儘管人們希望聽到這些演講，但有些神父和主教卻無法明白，並禁止這些演講；讓我們為這些神職人員祈禱。所有這些演講和討論會我都沒有收受任何酬勞，車資和食宿都是由別人提供。

有人曾怪罪我收受車資以外的自由捐獻。沒錯，我的確有接受這些捐獻，但那不是為我自己而收的，而是為了「煉靈基金」。所有車資之外的每一分錢都歸屬於這個基金。這是煉靈們該得的，用來奉獻彌撒或做善行之用。

我已經習慣過簡單的生活。小時候在家裡，兩餐除了一碗湯和一片麵包之外，就沒什麼其他東西可以吃了。但我們全家八個孩子還是健健康康地長大了。如果大家生活過得簡單一點，也會很健康。

也有人問我，我上的是什麼樣的學校，為什麼能夠舉行這些演講。我只受過八年的基本教育，但由於和煉靈接觸的關係，我學到了很多，而我也變得和以前不一樣了。我對聖神有非常大的信心。只有我們以無比的信心召喚聖神時，我們才會知道，祂對我們的協助是如此的大。而聖神在教育小孩的領域上也扮演著很重要的角色，因此我一再勸告父母師長們要祈求聖神的協助。

要原諒死去的人！

有一位農夫向我抱怨：「我正在蓋一個牛棚，每一次牆壁蓋到某個高度就會塌下來。我們一直檢查，卻找不出任何問題。那一定有超自然的力量從中干預，我該怎麼辦？」

我問他：「你是不是有認識任何亡者，他生前對你很不好或心懷敵意的？」

他回答：「沒錯！我就知道一定是他在搞鬼！他這個人，即使是我進了棺材，他也不會讓我安息！」

我對他說：「可是他只是希望你原諒他而已，沒有別的。」「什麼？要我原諒他？要我原諒把我害得這麼慘的人，讓他能上天堂？門都沒有！他應該替他的所做所為贖罪！」

我一再勸他：「就因為如此，他才上不了天堂。沒錯，他的確必須為自己的所做所為贖罪，但如果你能原諒他，他會比較好受一點；而且除非你能原諒他，否則他永遠不會讓你得到安寧。」

但他還是不願意。於是我問他：「你在唸天主經（主禱文）時是怎麼唸的：『請寬恕我們的罪，就如同我們寬恕別人一樣。』你現在這種行為等於是向天主說：『祢不可以原諒我，因為我也沒有原諒我周遭的人。』」

「妳說的沒錯，」他承認：「我現在終於懂了！」最後，我終於說服他說出：「好吧！以天主的聖名，我原諒了你，以便天主也會寬恕我所犯的一切過錯！」

我如何獲得煉靈的答覆？

只有在每個月的第一個星期六或和聖母瑪利亞有關的節日，我才可以詢問煉靈，某某人是否還在煉獄受苦。如果有一個煉靈來找我，在訴說完他需要哪些善功才能獲得救贖後，還留在那裡沒走時，我才可以提出詢問。通常我不會從同一位煉靈那裡得到答覆。因為如果別人有做到他們所要求做的事，這位煉靈就會獲得救贖，而不再處於煉獄中了。

通常是另一位獲准前來請求獲得救贖的煉靈會帶來答覆，他們在訴說完自己的需求之後，會說某某人還在煉獄當中或者已獲得救贖。然後我就可以查看自己的筆記，看看是誰給我這些名字，以便向他們轉告所問到的結果。

有時候，我會兩、三年後才會得到答覆，這完全得看天主的旨意。煉靈是否也被允許說出誰在地獄？我認為他們不能，但這並不表示地獄不存在！

噢！地獄的確存在！而且裡面有好多人。

有人曾問我：要怎麼樣才能保證不會下地獄？我對他說：要非常的謙卑，謙卑的人是不會下地獄的，只有高傲自大的人才會有永遠無法獲得赦免的危險。

如何獲得完全的赦免？

有一次，一位男士要詢問亡妻的消息，得到答覆是，這位女士還在煉獄中。令人不解的是，這位女士生前參與了許多兄弟會❺，應該可以在臨終時得到完全赦免才對。甚至大家都認為，這位女士應該早不在煉獄中才對！我問一位煉靈為何會如此，得到答覆是：「若要得到完全的赦免，必須完全放棄世俗瑣事的一切；可是這需要很大的勇氣。例如：如果有一位病危的母親有五個孩子，在臨終前，她必須對天主說：我完全遵從祢的旨意，無論是生是死，就完全照祢的旨意成全吧！這需要很大的勇氣，除非她一向就遵照這個原則生活，否則很難做得到。」

曾經有一個人想要詢問亡者的消息，他給我亡者的名字、出生和死亡的年份，結果我得到的答覆是：「還在煉獄裡。」但這位詢問者卻譏諷我說：「現在大家都知道，這一切都是騙局！我問的這位女士根本就還沒死，還活得好好的呢！」

我就想，為什麼煉靈可以告訴我，某個人是否還在煉獄中。我去找馬特神父，並且告訴他：「我不要再替人詢問了，事情不太

注❺天主教社團。

對！」

神父很平靜且堅定地回答我：「下次妳若有機會和煉靈接觸，妳就問他：『以耶穌的名義，請你告訴我，為什麼你們給我不實的消息，因為這位女士根本還沒有死。』」我就照神父所說的去做，結果得到以下的答覆：

「這個答案不是煉靈給妳的！」

「不然是誰給的？」

這位煉靈說：「是邪惡的敵人冒充煉靈的樣子。」

「這是常有的事嗎？」

「如果是真誠的詢問，妳會得到真實的答覆；但如果是惡作劇的話，魔鬼就有機會從中搞鬼，但他的惡行也就只限於此。」

神父知道了這些事後，就說：「我就知道，這當中一定有魔鬼在作祟。對於這種事，我們根本不能開任何玩笑，必須完全忠於事實。魔鬼是所有謊言的孕育者，只要有謊言存在，他就可以施展他的惡勢力。」

全村譁然

一九五四年，有一位男士向我打聽兩位亡者的消息，並且說：「我們很好奇，答案會是什麼？」

「為什麼？」我問他。

但他卻什麼都沒說，就只等待答覆。那一年是聖母年，所以我可以很快得到回答。一個月後，我就得到了答覆，並轉告他：「S女士已獲救，但H先生還深陷煉獄中。」

他搖頭說：「這不可能！S女士是因墮胎而死在醫院裡，她已獲得救贖？H先生總是第一個到聖堂並且最後一個才離開，而他卻還深陷於煉獄當中？」

「今年是聖母年，」我也心存懷疑，「也許我得到太多答覆而搞錯了。讓我再問一次。」

我又再問一次，得到的答覆是：「妳沒有寫錯，事實的確是如此。」

我又把這答案轉告給詢問者，但他完全不願再相信這件事。他和S女士以及H先生同住在一個村裡。幾乎半個村子的人都對這兩位亡者的消息感到意外，可是我無法改變事實。

結果從該村來了一位女士，她和這兩個人都很熟。她的看法和其他村民不太一樣：「村裡的人對這個答覆反應很激烈，但正因為這個答案是如此不尋常，才加強了我相信它的程度。」

為此，她特地來向我解釋：「我和S女士很熟，我們幾乎情同手足。沒錯，她的確不是一個很守規矩的人，因此受了很多苦，她生性就是如此。她的確死於墮胎，但是幫她舉行臨終傅油禮的神父卻不得不讚嘆：『我希望我死的時候，也能像這位女士一樣，有這般勇敢的悔改之心。』她死於天主臺前，也舉行了宗教儀式的葬禮。H先生雖是第一個到教堂，也是最後一個離開的人，但他卻喜歡批評別人。讓我最生氣的是，在S女士的葬禮上，沒有一個人像H先生發那麼大的脾氣，他還當場毫無顧忌地說：『這種下流婊子，根本沒有資格被葬在墓園裡！』」

我向這位女士道謝，並對她說：「我現在終於明白這其中的原委了。天主不希望我們判斷別人。H先生咒罵了這位女士，卻還有等待救贖的機會，天主對他已經很寬大了。因為咒罵別人是一件很危險的事。」

我們不應該譴責別人。如果有二十個人做同樣的一件事，他們的罪是各不相同的，因為每個人的動機和理由也各不相同，例如：每個人所受的教育、秉性、認知、健康狀態、待遇、身處環境等都

攝影：亞爾伯特・韋伯

關於懦弱

由於懦弱的關係，現今許多人都要負很大的責任。由於魔鬼從中作惡，許多人即使明知道自己已誤入歧途，還是不斷替自己找藉口：「可是我不能跟別人不一樣。」

——瑪利亞・辛馬

不一樣。所以我們不應該評判別人。

兒童也會入煉獄嗎？

是的，兒童也會進入煉獄，即使尚未入學的兒童也會。只要小孩知道這是不對的事，可是還去做，他就犯了罪。當然，這些小孩不會受很久或很嚴重的煉獄懲罰，因為他們不完全懂事。但是，不要以為小孩子不懂事，他們懂的比我們想像的還要多，他們的感知能力比大人細膩多了。

沒受過洗的小孩會怎麼樣？如果小孩還沒受洗就去世了，又會怎麼樣？對於這些小孩，還是有一個天堂❻存在，他們很快樂，可是他們不認識天主；雖然他們所知的不多，但他們會認為自己已經

注❻教會的教理至今仍認為，未受洗而亡故兒童的靈魂只能享受自然的祝福，卻不能享見天主的聖容。——原書注

擁有最美好的東西。

那些自殺的人呢？他們就無法獲得救贖了嗎？不，一般而言，大多數自殺的人在自殺時，並不知道自己在做什麼，導致他們自殺的人，也要擔負起罪責的。

不信天主教的人也會入煉獄嗎？沒錯，即使不相信煉獄存在的人也會入煉獄，但他們受的懲罰不會像天主教徒那麼嚴重，但因為他們沒有獲得赦免的方法，因此他們也不可能獲得相同的永生。

煉靈們不能自救嗎？不，他們完全不能幫助自己，可是如果他們向我們求助時，我們可以給他們很多幫助。

維也納的交通事故

有一位煉靈告訴我：「我是因為在維也納騎機車不遵守交通規則，發生車禍而死，那是我命中註定的。」

我問他：「你已經打算要死了嗎？」

「不，我沒有這個打算。」他承認：「但是對於那些並非冥頑之徒或不小心犯錯的人，在死前還有兩到三分鐘的時間來悔改，只有那些說『我不願意』的人才永遠無法獲得救贖。」

他的話不但很有意思，也很有教育意義：「在這種情況，很多人會說：『我死期已到。』但這是不對的，除非在這意外中，死去的那個人完全沒有肇事的責任，那我們可以說他的死期到了。但如果根據天主的計畫，我還可以活三十年，那我們就不應讓自己的生命陷於不必要的危險中。」

流浪的百歲老人

一九五四年一天下午兩點半左右，我正走在往鄰村馬魯爾的路上。在進入村子之前，我在森林中遇到一位老婦人。我心裡想，她看起來這麼老，一定已經超過一百歲了吧！我友善地向她打招呼問好，她卻說：「妳幹嘛向我問好？已經很久沒有人向我問好了！」

我安慰她：「妳和其他人一樣有被問好的權利。」

她開始抱怨：「根本沒有人理我，也沒有人給我東西吃，我必須露宿街頭。」

怎麼會有這種事，我心裡想，她一定是老昏頭、神志不清了！我試著跟她說，這是不可能的事，可是她卻回答：「本來就是這樣！」我想，也許是因為她太煩人，所以家人就不要她了。看到她這一大把年紀，於是我就邀請她到我那裡吃飯、過夜。

「好啊！可是我沒有錢。」

「沒關係！可是不管我吃什麼，妳都不可以嫌棄。我住的地方並不豪華，可是總比露宿街頭要好。」

她說：「感謝天主！我終於得救了！」然後就消失不見了！

我又看見了另一位天使，從太陽出升之地上來，拿著永生天主的印，大聲向那領了傷害大地和海洋權柄的四位天使呼喊，說：「你們不可傷害大地、海洋和樹木，等我們在我們天主的眾僕額上，先蓋上印。」（《若望默世錄》〔啟示錄〕第七章第二至三節）

手中拿著書卷的天使。法國奧頓（Autun ）大教堂大門門楣上的十二世紀羅馬式雕刻。

我一直都沒有發現，她原來是一位煉靈。她一定是在生前能幫助別人時卻拒絕去做，所以必須等到有人自願向她伸出援手時，才能得救。

火車上的中年漢子

「妳認識我嗎？」有一位煉靈這樣問我。我說不。

「可是妳應該知道我的；一九三二年在往哈爾的火車上，那時我也是車上的乘客之一。」

我終於想起來：他就是那個一直在火車上大罵教會和批評宗教的男人。雖然那時我才十七歲，但我鼓起勇氣對他說，他如此批評宗教，不是一個好人。

「妳要跟我說教，還太年輕了吧！」他還如此回我。

我不客氣地回他說：「正因為我比較年輕，所以也比你聰明多了！」

之後，他就垂下頭來，一語不發。他下車時，我請求天主：請不要放棄這個靈魂。「妳的祈禱救了我，」這位煉靈最後說：「否則我早就完了！」

一位拯救全村的婦人

一九五四年在我們那裡發生了一次很大的雪崩。雪崩後不久，鄰村楓丹內拉有一位名叫施妲克的女士去世了，她病了三十年之久。有人告訴我，一百年前的那次雪崩比這次嚴重多了。所以之後他們便在楓丹內拉栽種了一片森林來保護村子。一九五四年的這次雪崩幾乎把整個保護林摧毀，若不是有那些樹擋住雪，可能整個村子都被埋在雪堆中！

在施妲克太太去世後不久，我從煉靈口中獲知：沒有人能像她一樣用祈禱和犧牲奉獻的精神來擋住這次雪崩，她奉獻了自己全部的痛苦來為全村祈求平安，因此為整村求得許多寬恕。若她身全體健的話，是絕對不可能做到的；但透過耐心的忍受痛苦，能拯救的靈魂比祈禱所能拯救的還多！當然，如果我們鼓勵一位病者，他該耐心地承受痛楚，要比獨自堅忍要容易得多。

我知道什麼是忍受痛楚，正因為這是一件很不簡單的事，所以才這麼寶貴！

我們不應該把這些痛楚當作懲罰來看待，因為它可以當作犧牲奉獻來贖罪，不只是為自己，更是為了他人。

耶穌是無罪的，但他卻承受了極大的苦痛來為我們贖罪，因此，我們承受的苦痛也可以幫助拯救其他的靈魂。到了天上，我們才會了解，經由我們耐心的受苦和基督所受的苦結合在一起，能成就的事有多少！以受苦來犧牲奉獻是一種非常有效的方法，主要在於我們必須把一切託付給聖母瑪利亞，因為在她願意的時候，就運用這些奉獻去拯救靈魂，而且她也知道，最需要幫助的靈魂在哪裡！

水桶、黑手、摧毀十字架

「妳幹嘛提著水桶？」我遇到一位手中提著一個水桶的煉靈，這麼問她。

「這是我前往天國的鑰匙！」她充滿喜悅地說：「我活著的時候不常祈禱，也不常進教堂，但是有一次聖誕節前，我免費幫一位貧窮的老婦人把她整個房子打掃乾淨，這就是我的救星！」

又是一個新的證據，證明愛是多麼重要！

我永遠無法忘記曾經遇到一位右手發黑的神父，我問他為什麼他的右手會這樣子。他說：「我活著時應該要多祝福人們才對。請對所有妳遇到的神父說，他們應該要多祝福別人，如此一來可以在人間散播更多的祝福，並且驅走邪惡的勢力。」

有一次來了一位煉靈，在說完為了救贖他所需的善功之後，又加上一句話：「如果有人為我做這些事，我就心滿意足了。」除此之外，他什麼都沒有說，也沒說他何時何地去世的。

我把這情形轉告給他的家屬，而且我完全不認識他們。起初，他們還抱著懷疑的態度，並問那個煉靈有沒有說：「如果有人為我做這些事，我就心滿意足了。」這句話。

「這是我目前所遇到的煉靈中，唯一說過這句話的。」我說。

「那我們知道了。」他們思索著說：「那是爸爸的口頭禪，他生前總是說：『如果有人能做這些事（或這麼做），我就心滿意足了。』這就是我們相信妳的原因。」

這些人已經不再參加彌撒，他們認為那只是教會的規定，而不是天主的誡命。

我向他們解釋，在往生之後，教會的規定和天主的誡命受到一樣的重視。唯一不同的是，教會可以改變或廢除一些規定，而天主的誡命是不可能被改變或廢除的！

「我褻瀆了大主！」一位男煉靈對我說：「有一次，我因為生氣而把一個十字架踩爛。當時我想，如果真的有天主，祂一定不允許這種事發生。天主的確不允許我們嘲笑祂，我當場全身麻痺了。這反而救了我，使我免入地獄。」

接著他又說，他的太太該為他做些什麼事，才能減輕他在煉獄所受的苦。他的太太原本已經脫離教會，但我的轉告卻使她非常意外。

「我先生破壞十字架的事只有我們兩個人知道，我從來沒有告訴過任何人，我先生也沒有。妳這個完全陌生的人居然能講得出來，我不得不相信妳。」

有一次，有一位醫生說，他必須在煉獄受苦，因為他以打針的方式縮短病人的壽命，以免他們受那麼多的苦，但事實上，耐心地忍受苦痛對我們有莫大的價值。我們可以用藥物來減輕痛苦，但不應用來縮短壽命。

煉靈要求歸還不義之財

有一天有人造訪我，我還沒走出房門，就已聽到有人在走廊上不停地咒罵，我出來一看，看到一個男人在走廊上用很不屑的口吻說：「那個煉靈妄想狂在哪裡？」

「請進！」我向他說：「這裡沒有任何煉靈妄想狂。」

接著他就開門見山說：「E先生是否有向你顯現？」他是E先生所要轉告的家屬之一——他們該把那些用不義方法得來的財物歸

還出來。當我回答說「是」時，他大發雷霆，當場大罵，天底下哪有這種事，這簡直是勒索、詐騙……。

「我們該歸還哪些不義之財？」他想明確地知道。

我說：「我不知道，他只是要我轉告他的家人，要補償那些不義之財。至於他指的是什麼，我想你們自己知道。」

他馬上知道所指的是什麼。之後，從他的話中我得知，他已經背棄了基督的信仰；他什麼都事都拿來賭，甚至有關教宗、教會和信仰的事也賭。

我耐心地向他說明事情的情況，最後他平靜地說：「若是這樣的話，那我必須重新生活。我本來已經不信任任何神父，但現在我必須相信天主的確存在。不然的話，妳根本不可能知道我們有不義之財，即使家族裡也不是每一個人都知道。」

另一次，來了一位女煉靈。「我必須要在煉獄受苦三十年，因為我不讓我的女兒進修道院。」她說。如果天主賜給我們孩子，又召叫這孩子進修道院，卻遭到父母反對，那麼這些父母必須負很大的責任。

我從煉靈口中得知，有許多年輕人受到聖神的召叫要成為神父，但父母卻不允許他們接受，那麼這些父母必須為此負責。

遭受最嚴重煉獄淨火的婦女

有一位男士寫信給我說，他的太太在一年前去世了，之後每天晚上在房間裡都有敲打聲。他問我可不可以過去看看到底是怎麼回事。我就去了，但我跟他說，我不能保證一定可以探聽到什麼消息，也許他的太太還沒獲准前來請求協助，我們必須聽天意的安排。

於是，當晚我就在這房間過夜。大約十一點三十分時，突然響起砰砰的聲音。我馬上問：「妳需要什麼？我可以為妳做什麼？」

可是我什麼都沒看到，也沒聽見任何回答。我心想，這位婦人可能還未獲准前來找我。大約五分鐘後，我聽到很吵雜的動物跑步聲，突然，一隻龐大的動物出現在我面前，這是我從未經歷過的事，那是一匹河馬。

我馬上灑下聖水，並問：「我怎樣才可以幫助妳？」還是沒有任何回答，真是令人毛骨悚然。這時，邪惡的魔鬼以一隻兇猛的灰色巨蟒出現，並纏繞著那隻河馬，要把牠勒死。一瞬間，所有的畫面都消失了。

我的心情非常沉重，難道這位婦人就這樣不能得救了嗎？不久後，有一位煉靈以人的形體出現，就如同我往常所看到的一樣。他安慰我：「不用擔心，這位婦人還有機會得救，只不過她所承受的煉獄刑罰是有始以來最嚴重的。」

接著他告訴我原因。十多年來這位婦人一直和另一位婦女處於敵對狀態。一開始有這種敵對情形和有錯的人是她，而且另一位婦女一直想和她和好，可是都被她拒絕了。即使病危在床上，她還是拒絕了對方的好意，而就這樣死去。

我們又看到了一個例證，天主對敵對行為的處罰是多麼的嚴重。因為這和愛完全背道而馳。在生活中，我們常常會和他人有爭執，但事後總會想辦法和好。我一直不斷地呼籲，我們應該儘快彼此寬恕，愛是至高無上的，愛可以彌補很多罪過。

在雪崩中喪生

這是一九五四年大雪崩時發生的事。有一位二十多歲的年輕人，他住的房子位於安全之處。有一天半夜聽到有人求救的聲音，他馬上起床要去救人，但他的母親卻拉住他說：「這次應該換別人去幫忙吧！現在外面雪已經崩下來了，太危險了！」

位於大瓦舍谷的桑達村及纜車，可眺望羅特洪峰（Rothorn, 2468 m）以及位於格拉特馬峰（Glattmar, 1930 m）的滑雪地史坦—巴特儂（Stein Partnom）。村子的中央是高聳的教堂，四周則是稀疏散落的房子。

攝影：亞爾伯特・韋伯

瑪利亞・辛馬在自家的小花園中。

攝影：亞爾伯特・韋伯

桑達，位於大瓦舍谷福拉爾貝格州山地的深處，村中有一聳立的教堂，位於海拔890公尺高處。

但這年輕人不顧母親的反對，還是往外衝去救人，結果卻在半途上慘遭雪埋而喪生。

事發才兩天後的晚上，他就來求我幫他奉獻三臺彌撒。他的家屬都覺得很驚訝，他怎麼這麼快就可以獲得救贖，因為他生前並不是特別虔誠的教友。

那位年輕人告訴我，因為他是持著博愛的精神去世的，所以天主對他特別寬大，他覺得這是最幸福的一種死法了！

若有意外發生，我們不應該為救人而遲疑；因為我們永遠不會知道這對我們有什麼好處。有些人會稱讚一些小孩，說他們真是乖孩子。我認識一些乖孩子，後來卻步入歧途。只有天主才知道這些乖孩子的真正命運。只有在往生之後，我們才會明白，慈愛的天主對我們是多麼的寬愛。

偽裝的撒旦

有一次來了一個煉靈並要求我：「不要幫助下一位煉靈。」

但我的靈修輔導神父跟我說過，不要拒絕任何一位煉靈。所以我就問：「為什麼我不應該幫助下一位煉靈？」

「他要受的苦很大，妳無法承受。」

「那天主不應該讓他來找我。」

結果他卻厲聲斥責我：「天主要試探妳，看妳是否服從祂！」通常有我不明白或無法確定的事時，我總會呼叫天主聖神，而祂從來沒有不理我過。

突然我想到，這可能是魔鬼。於是我下定決心，命令他：「如果你是魔鬼，我以耶穌之名命你離開。」突然一聲尖叫，這煉靈就消失了。這時我才知道，原來是魔鬼以煉靈的模樣出現。

平常，在我們的教堂裡，如果九點時有追思亡者的彌撒的話，七點時神父就會來派聖體，而我在六點四十五分就會到教堂去。通常都會有兩、三個人在，但那一天就只有我一個人。突然，我們的神父很生氣地走進教堂，他走得很急，甚至根本沒有下跪敬禮。他直衝到我面前，對我說：「妳今天不准領聖體。」說完就離開，也沒有下跪敬禮。

我無法明白這是怎麼一回事，於是就唸玫瑰經祈禱。快七點時，神父很平靜地走進來。我心想，他一定馬上又會離開，因為我不能領聖體，而當時又沒有其他人在。可是出乎我意料之外，他竟然走向聖體櫃去取聖體。我環顧四周，看看是否還有別的人，可是都沒有。於是我就走過去問他：「為什麼我今天不准領聖體？」

「誰說的？」

「您剛剛說的，說我今天不准領聖體。」

他問我他什麼時候說過這話，我就把事情告訴他。接著他安慰我：「妳放心，我今天從未進過教堂，那一定是魔鬼在作祟。妳可以安心領聖體。」

我認識一位住在阿朋策爾（Appenzell）名叫瑪利亞・格拉芙（Maria Graf）的婦人，她是一位很單純的農婦，有時會看到聖母瑪利亞顯現並給她訊息。有一次，她來找我，希望我能給她一點建議。因為一方面她覺得自己有義務將聖母啟示給她的訊息告知世人，但另一方面，主教卻希望她保持緘默。

我問她：「妳能常常和聖母交談嗎？」她說是，我於是建議她該問聖母，她應該怎麼辦，因為主教不准她宣揚此事。她照我的話做了，得到的回答是：「聽從主教的訓示！而我會想辦法讓這些訊息宣揚出去。」❼

她聽從了聖母的指示。在她住的地方，幾乎沒有人相信聖母顯現給她這回事，甚至連她自己的丈夫都不相信，但天主的計畫是世人無法阻撓的。

一九六四年二月十九日，她去世不久，有一位重病的人奇蹟地痊癒了。這件事引起了大家的注意，眾人跑到她家裡，請她的先生看看她是有否有寫下什麼東西。結果發現了她的筆記，裡面多次記載著聖母的心願，呼籲世人每天要唸玫瑰經為罪人悔改祈禱，這是對抗惡魔猖獗的一大力量。

在得知這件事後不久，我收到兩封信，內容幾乎一模一樣：「我們這裡很多事都不對勁，一定是魔鬼從中作惡。」

我想，我應該馬上回信給他們，叫他們多唸玫瑰經，為罪人悔改祈禱。那是一九六四年十二月十六日，大白天的，我拿了兩張信紙放在桌上，旁邊放著信封。通常我習慣先在信封上寫下住址，再寫信的內容。當我在寫第一個信封時，突然身旁發出一聲尖叫，把我嚇了一大跳。惡魔正站在我桌旁，已經把那兩張信紙拉到桌角，並在信紙上留下了黑色的燒焦痕跡。

這又是另一個證據，告訴我們玫瑰經對抗魔鬼的力量有多大。

煉靈的警告

我常常會從煉靈處得到警言或實質的建議。以下是一些節錄：

現今多數的教堂都不重視追思亡者和聖人的祭壇聖物。在許多現代式建築的教堂裡，追思亡者已不是教堂的重點，而且追思已亡聖人的圖片和雕像亦常常遭到嘲笑。

另外，站著而不是跪著領聖體，也是缺乏謙卑和尊敬的行為。

注❼在此指的是《神愛之啟示》（*Offenbarung der göttlichen Liebe*）一書，此書根據瑪利亞・格拉芙的敘述所著，並獲得教會的允許，由Miriam出版社出版，在此所引述為一九九二年的十六版。此出版社亦出版本書的法語版《*La révélation de l'mour divin*》。——原書注這不是說所有的人都不應該站著領聖體，老弱和生病的人當然可以，但是想跪著領聖體的人，應該可以有機會跪著領才對，就如同教宗保祿四世所強烈要求的一樣。

大家應該多唸玫瑰經，因為它有很大的力量，而且聖母瑪利亞是所有基督徒的救助者。到處我都會遇到煉靈請我轉達，現今許多婦女衣著暴露是造成傷風敗俗的原因。我們必須嚴肅面對這件事，而女性們對此有更大的責任。

許多煉靈也說，從受孕開始，我們就有靈魂了。

煉靈們也希望，我們應該早點訂下遺囑，子孫們之所以常有爭執，就是因為沒有公平的遺囑之故。

重點是，大家都要盡力讓天主的國更浩大。若孩子們懶散時，父母有很大的責任；年輕人若只為了追求舒適的生活而不做善行，也是有罪。

興建教堂

一位煉靈對我說，聖母希望桑達能建一座教堂，並明確指出地點所在。在這地點以前曾經有一間田野間的聖母堂，但在一九一四年因為開擴道路而剷平了。

我把這件事告訴馬特神父，他馬上很認真地進行此事。因為據他所知，以前那裡的確有一間聖母堂，只有村裡老一輩的人還記得。

這間名為盧芬娜（Rufana）的教堂，是在一八八七年由阿略士・莫里茲神父（Alois Moritz）在村子通往土耳策（Türtsch）的路上所建的小教堂，為光榮聖母瑪利亞和為取代原來豎立在路邊破舊的神祇碑柱。但這間小教堂很快就坍塌，並在一九一四年遭到拆毀。

一九五八至一九五九年，馬特神父在同樣的地方建了一間聖堂，占地長七公尺，寬三公尺。

住在史林茲的勞赫教授（Prof. Rauch）贈送了三個陶瓷聖像。在教堂的入口有一幅一位俄國畫家的畫，上面寫著：「瑪利亞與煉靈」。就這樣，這間聖堂在馬特神父的推動下，在聖母所指定的地點建成了。

因為在福拉爾貝格沒有一個光榮「巴努的窮人聖母」的聖堂，所以聖母希望在比利時的巴努能奉獻一尊聖母像給這間教堂。因此，巴努的教區長安排一座在比利時祝聖過、並命名為「窮人聖母」的聖母像運送到桑達來❽。

教堂竣工時，聖母又透過煉靈表示，在聖堂中要有一幅將她呈現為「煉靈之仁慈聖母」的畫像，但這幅畫應該要有自然美，而不是扭曲變形的現代畫。

我請求聖母讓我能找到一位好畫家。不久，有一位波蘭籍的施古得萊克神父（Pater Stanislaus Skudrzyk, S.J.）來找我。當我告訴他這件事時，他表示認識一位很好的畫家，即住在波蘭克拉高❾的阿道夫．喜拉教授（Prof. Adolf Hyla），他應該可以畫出一幅很好的畫。於是這位住在漢堡多年的耶穌會神父就把這件事攬在身上，包括這幅畫的酬勞，而畫也安全地從克拉高經倫敦運到桑達。

一九五九年的五月即「聖母月」，這間聖堂開始啟用，並對所有的朝聖者開放，做為慈善教堂和追思煉靈的教堂。這座教堂位於大瓦舍谷最後一個村落的上方，在一片寧靜青翠的草原當中，充滿了花香和蟋蟀聲，面對著阿爾卑斯山的山谷，簡直是世外桃源。

想要在大自然的寧靜中向天主祈禱的人，能在這裡找到一個可以容他棲身的小地方。

注❽巴努（Banneux）是位於比利時的朝聖地，聖母在一九三三年曾在此地八度顯現給一位少女。

注❾克拉高（Krakau）位於波蘭，附近曾有猶太人集中營。

攝影：亞爾伯特・韋伯

桑達的這所煉靈教堂可以讓人奉獻彌撒，這是朝聖群眾非常重視的。

攝影：弗里德林・畢守（Fridolin Bischof）

在桑達煉靈教堂中，祭臺布上印著以下的字：「我是窮人的聖母」；這和聖母在希德（Heede）宣告：「我是煉靈之后」很相近。

Book3

第三部　全新的經驗

當一本書在三十六年內（一九六八—二〇〇四）銷售了十七萬五千本、並以八種語言問世，這對作者和出版社來說都是一件盛事，而我們也心滿意足地全心感謝天主。

一九七五年的「三王來朝日」（一月六日）那天，她來到我們的出版社，並帶來新的體驗，我們將其中的一些節錄如后。

從這本書暢銷的程度我們可以看到，信眾們的確有需要知道「最新的進展」。也許上天之所以顯示這些事給我們，是因為現今有許多神職人員不再向教友們宣講有關死亡、審判、煉獄和復活等事。而基督宗教會越來越式微，表示靈魂主義、占卜算命，甚至撒旦主義等越盛行。

在這第三部分的最後，我們報導一個故事——「誰贏了？」這對瑪利亞．辛馬現象而言是非常典型的故事。這個故事（出版社知道名字和地點）也是一再證明，天主總是挑選柔弱的人來戰勝強壯的人。現今許多神職人員無法做到的事——亦即讓更多的人信仰天主，來自福拉爾貝格，簡單、純樸的瑪利亞．辛馬辦到了。因此，她也達到了基督信仰的最高標準：「你們可憑他們的果實辨別他們。」

——阿諾．居禮

可以為達到目的而不擇手段嗎？

有一次，一位婦人（還未去世）來找我，向我傾訴她的苦惱：「我先生已去世，兒子原來和爸爸非常親密，現在卻誤入歧途。如果妳可以跟我兒子說他爸爸來找妳，並告訴妳，因為兒子步入歧途，所以他必須在煉獄受很大的苦，那我兒子一定會馬上變好。因為他無法接受爸爸因他而受苦。」

我對她說：「那妳就多祈禱，讓妳的先生可以獲准來找我。」

「是沒錯，可是萬一我先生不能來，妳還是可以這樣跟我兒子講。」

我說：「不，這等於是撒謊！」

「我同意，如果我兒子因此而能變好，那也值得。」

無論如何，我還是拒絕了。因為對於這種事情我們必須絕對忠於事實。只有忠於事實才可以在各處立足。後來那位父親沒有來找我，所以我也不能向那位年輕人做任何轉告，也許他真的沒有變好。

現今還要當神父嗎？

我曾說過，如果孩子蒙受聖召時，父母有很大的責任。有一次一位父親對我說：「在今天這種時代，我不會讓我的孩子去當神父。」

「是嗎？為什麼呢？」

「唉！妳也知道嘛，現時今日的那種現代神職人員，他們所宣講的已經不是天主教的東西了。我才不要把我的孩子託付給這種人呢！我寧願他不要成為神父。」

我請他審思以下的事：「等到你兒子升神父時，那已經是十二、三年後的事了。到時候的教會又是另一種風貌，這點是非常確定的。因為現今這種分裂的情況不會一直持續下去。每一次的大公會議都會有一點混亂狀況發生，而像現在這麼大規模的大公會議，以前從沒有過。但大公會議不是這亂狀的罪魁禍首。真正該負責的，是那些不再服從教宗的樞機主教、主教和神父們。」

嚇得直冒冷汗

有一位婦人想和我商量事情，她問我：「今晚會有煉靈來找妳嗎？」

「我不知道。」我回答：「我從來無法事先知道他們什麼時候會來。」

她邀請我：「妳今晚可以到我們的房間來睡嗎？因為有一些其他在這裡休養的客人，也想聽一聽這方面的事。」

由於有兩位心臟病人在場，我就斷然拒絕了。但她一再要求，最後我們達成協議，我睡在他們的隔壁房間，並把門稍微打開。我心裡想：若是天主不允許，他們什麼都聽不到。

第二天早晨，我發現這位女士臉色凝重，樣子非常不自在。我問她是不是不舒服，她說：「我沒事。但我想問妳，昨天晚上是不是有一位煉靈來過？」

「沒錯，怎麼啦？」

「這位煉靈是不是有唸一遍天主經（主禱文）？」我心想，妳又不可能聽到，就假裝根本沒這回事。

這時她向我坦承，聲音抖得更厲害：「我聽到有人唸天主經的聲音，而且那聲音好像從地獄深處傳來一樣。」

我非常驚訝：「那妳可是第一個聽得到拜訪我的煉靈說話的人。」

令人覺得不可思議的是，她說那聲音聽起來像從地獄深處傳來一樣，但對我而言，那煉靈只是用很正常的聲音和我一起祈禱；為了不驚擾到隔壁熟睡的房客，我只採取默禱的方式，因為我認為，其他人無論如何都不可能聽到煉靈的聲音。

「我嚇得全身直冒冷汗！」這位女士最後說：「而且很高興妳沒有睡在我們的房間。」

提洛一位幽默的修女

我認識一位住在提洛（Tirol）的修女，她是一位駐校修女，也是一位非常好的修女。她後來生病了，卻以無比的耐心承受痛苦。一年之後，我聽說她被送到安養院去，於是決定去探望她。

她一看到我，便說：「為什麼天主沒有聽到我的祈求？學校非常需要我。」

「是沒錯！」我儘量安慰她說：「但妳要知道，刻苦是天主愛人最棒的一種方式。」

她聽到這話，便開玩笑說：「那我可寧願天主少愛我一點。」

站著或跪著領聖體？

一位神父煉靈來找我，說：「請為我祈禱，因為我必須受很大的苦。」但他無法再多說，就消失了。

另一位煉靈向我解釋：「因為他把領聖體的跪椅都移走了，還要求教友站著領聖體，所以必須受很大的懲罰。對他最有幫助的，當然是把當初移走的領聖體跪椅再放回原處，不要再讓教友站著領聖體。」

於是我把這件事報告給負責的上司神父，他亦能明白這點，但他說：「我並沒有引進站著領聖體的習慣。關於聖體跪椅之事，我只能試著讓別人也能照做，但是決定權卻在當地的神父。」

已經有一位神父二度前來向我訴苦，現在又第三次前來說，他必須承受很大的痛苦，因為他把領聖體的跪椅移走，並強迫大家站著領聖體。從這些事情我們可以看出，有些事的確不太對勁。雖然教會允許可以站著領聖體，但那些想跪著領聖體的人，也應該有跪著領聖體的機會。教宗希望大家能這樣做，而且我們可以要求神父這樣做。

另一位神父的煉靈說：「我必須受很大的苦，因為我要求大家用手領聖體。若所有的神父和主教能知道，他們把聖體放在教友手上要負非常大的罪責時，他們一定不會這麼做，而教友們也不會再讓神父把聖體放在自己手中。」

現在要討論一個我到處都會碰到的問題。的確，我們是生活在現代的世界，但天主的誡命是不能被現代化的，天主的誡命應該要再度被收錄在宗教課程中。我們不應該再採用「荷蘭式的教理問答」，它不是對重要的教理問題提出質疑就是完全不提。你們應該購買舊版的「教理問答」，就像在瑞士用的這種。

在瑞士，這個舊版的教理問答不斷再版，以便我們的孩子能接受正確的宗教教育。若主日學的老師或神父不採用這個版本，那麼家長應該自己去購買。（在此所指的是 Anton Schraner 所著之《天主教的教理問答》。）

應將主日奉為神聖的日子

一位煉靈要求我在演講時要強調主日彌撒的重要性。因為現代人為了許多不必要的工作，而忽略了星期天的彌撒聖事。

而且要參加星期天（主日）的彌撒，而不是星期六傍晚的彌撒。星期六傍晚的彌撒是為那些星期天無法參與彌撒的人所舉行的。例如，如果年輕人星期天要參加郊遊活動，那他可以參加星期六晚上的彌撒，但不應養成這樣的習慣。參加了星期六的彌撒，那我星期天就不用再去了，這也是不可以的，這是天主不允許的！

煉靈們也說，除了當地語言的彌撒外，拉丁語的彌撒亦不可廢，如此一來，各地的人都可以懷著虔敬肅穆的心情參與彌撒聖祭，而教宗亦希望如此。

現代式的教堂建築

我常被問到：「煉靈們是否也有提到現代式的教堂建築？」是的，關於此事，煉靈們也有提到什麼是恰當、什麼是不恰當。

有人常批評我反對現代式的教堂。如果一個教堂能讓人懷著虔敬肅穆的心情，我並不反對現代式的教堂；但有些教堂中的畫像和雕像不只是醜陋，甚至令人生厭或害怕。那我必須說，這可是魔鬼的傑作，而不是天主的！

舉個例子，我在維也納赫晨朵夫（Wien-Hetzendorf）所看到的玫瑰經教堂就是一個大笑話、大恥辱，簡直是一間庸俗不堪的教堂。當我問到這間教堂是誰設計的，得到的答案竟是一位共濟會成員！而畫家恩特斯・福克斯❶的作品簡直是對天主褻瀆到極點。

在東提洛（Osttirol）的利恩茨（Lienz），我就看到一間讓人喝采的現代式教堂。我一看到，就心裡說：為什麼別人就不能這樣做呢？一個紀念已亡聖人的神龕在它該在的地方，也就是中央。兩旁有領聖體用的跪椅，想要跪著領聖體的人可以跪著領，而想要站著領的人，也可以站著，因為中間有足夠寬廣的空間。而且還有一尊非常優美的聖母雕像。

許多人遠道而來，因為在他們的本堂，許多現代畫作取代了原本的作品，使得聖堂一點神聖莊嚴的氣氛都沒有了，因此他們引以為恥。

我甚至在兩間天主教教堂中沒有看到聖水皿。我於是問他們：「為什麼聖堂裡沒有聖水皿呢？這是一間天主教的教堂，不是嗎？」我得到的答覆是：神父認為那是很愚蠢的設施！我告訴他們：「那他在煉獄一定也會得到愚蠢的懲罰。」

不要逃避認罪

有很多地方甚至取消了辦告解。但告解是耶穌建立的聖事，許多人都以為那是教會建立的。耶穌曾經說過：「你們領受聖神罷！你們赦免誰的罪，就給誰赦免；你們存留誰的，就給誰存留。」（〈若

注❶Ernst Fuchs，奧地利猶太裔畫家與建築師。

望福音〉〔約翰福音〕第二十章第二十三節）所以我們必須把我們的罪過訴說出來，否則神父又怎能決定他是否能赦免這些罪呢！

有一次有一個人說：「可是耶穌並沒有囑咐我們要到告解亭去辦告解。」

我告訴他：「的確，基督是沒說過。但如果你想要的話，也可以在眾人面前公開大聲認罪，那麼神父也可以在告解亭外赦免你的罪。重點是，你必須將所犯的罪說出來。」

現在有許多堂區都採用集體懺悔認罪的方式來代替個別告解，使得辦告解的人越來越少，這是錯誤的發展方向。羅馬和奧地利的主教們一再明確地宣告，集體懺悔認罪的赦罪祝福無法赦免重罪。因此，無論如何，集體認罪都不能取代告解。

同樣的，在很多地方亦沒有讓初次領聖體的人先辦告解，這也是不對的。教宗曾宣布過兩次，在初次領聖體之前，必須先辦告解。不幸的是許多神父不再聽從教宗，而他們也會得到懲罰。

煉靈們亦一再請求，要為教宗祈禱，我們應該聽從教宗的訓示，並秉持自己的良心行事。

我在德國的烏姆（Ulm）碰到十五歲大、卻從來沒有辦過任何一次告解的青少年。我問他們為什麼會這樣，他們說：「在第一次領聖體之前，我們不准辦告解。在小學六年裡，我們是可以辦告解的，但我們彼此互相問：我們所犯的罪有比以前更嚴重嗎？事實上也沒有，我們最多只是吵吵架，或偶爾不聽話，如此而已。於是我們告訴自己：我們應該在第一次領聖體之前就要辦告解，要不然就永遠不要辦告解。」

由此可看出，第一次辦告解對於幫助青少年建立良知是多麼重要。許多新的神父不願意聽從主教們的訓示，擅自破壞了許多規矩。現在他們得眼睜睜地看著教友也不聽從他們的訓示，尤其是孩子們。

誰贏了？

有一位德國南部的商人邀請我去演講。當我到達時，他告訴我：「一年前，您在隔壁村舉行一場演講，我恰巧經過，看到那張海報。心裡想：這算什麼！簡直是胡說八道！卻又突然想到，反正現在也沒什麼事，姑且去聽聽這場胡說八道吧！我就進去了，並且坐在最後一排。當您講到：『只要還活在世上，我們隨時都可以彌補以前所漏失的，甚至超越過去。憑著極大的誠心，只要還活著，我們可以彌補以前的過錯，而且永遠都不會太遲。』這對我而言簡直是當頭棒喝的特赦時刻！我下定決心，無論如何，我一定要請這位女士到我住的城市來演講。」

他不能去找他的本堂神父，因為他知道這位神父無法接受這類的事情。他就去找市議會，市議會以三百馬克將集會廳租給他。他才剛把演講的啟事登上廣告和貼出海報，就接到神父的電話：「你在幹什麼？你根本沒有徵求過我的允許？」

這位商人說：「至少目前我們還有言論和良知的自由，神父，您放心，我不會使任何一個靈魂墮落的。」

攻擊就是最好的防守，神父說：「我馬上在報紙上刊登文章，叫大家不要來！」

「沒關係！」那位商人輕鬆以對：「您儘管登，而我呢，我會呼求整個城市的護守天使，請他們幫我。我們看看最後誰會贏。」

那位神父的確寫了一篇文章，但文章送印的時間卻晚了一個小時，因此在我演講的隔天才見報。我演講的那天晚上，市政府的集會廳簡直全場爆滿。還好場地的播音系統效果非常好，不只場內，還把我的演講播送到市政廳外面去。在那裡，許多巴士載滿了不得其門而入的聽眾，都沒有錯過那場演講。

Appendix

附錄

煉獄和為亡靈祈禱

約翰・歐・布萊恩❶

「為什麼天主教徒要為亡靈祈禱？」這是非天主教徒常問的一個問題。為亡靈祈禱的習俗源自有關煉獄的理論，而十六世紀宗教改革時，新教徒將這一部分廢除了。所以現在的新教（基督教）信眾當然無法理解，為什麼我們要為去世的兄弟姐妹們祈禱。

天主教會非常重視追思亡靈的習俗，因此將每年的十一月二日訂為「追思已亡日」，並允許神父們當天可以為亡靈舉行三臺彌撒聖事。除此之外，還把整個十一月特別訂定為亡靈祈禱的月份。在此，我想邀請所有非天主教徒一起來從聖經、傳說、及理性的角度來檢視追思亡靈的做法。

煉獄和為亡者祈禱

聖經鼓勵我們，不只在世間互相為彼此祈禱，呼求天使和各位聖人的代禱，也要為死去弟兄的靈魂祈禱。在舊約的〈瑪加伯書下卷〉中記載，當猶大在戰勝哥爾基之後，他和同伴們要一起埋葬在戰爭中喪生的猶太人，「於是大眾募集了二千銀『達瑪』，送到耶路撒冷作贖罪祭的獻儀。」

他認為他們的罪並不重：「他做的是一件很美妙高超的事，因為他想念著復活。」因此，作者說出此中的教訓：「這實在是一個聖善而虔誠的思想。為此，他為亡者獻贖罪祭，是為叫他們獲得罪赦。」（〈瑪加伯書下〉第十二章第四十三至六節）

注❶見布萊恩（J. A. O'Brien）所著之《百萬人之信仰》（*Der Glaube der Millionen*）一書，由Paul Pattloch Verlag/Christina Verlag出版（已絕版）。——原書注

即使我們的離異弟兄們❷不承認〈瑪加伯書〉的啟發性，他們至少必須承認這部作品是真實的歷史報導，記載了在耶穌之前數個世紀中，猶太教習俗的證據。這些記載和聖經的其他部分，如〈依撒意亞先知書〉〔以塞亞書〕、〈若望福音〉〔約翰福音〕等的權威性是同等的——而聖經是教會最確實的權威理論基礎，教會亦認為，聖經的每一個部分都有其啟發性。

我們的救世主亦談到「未來世界」中的赦罪（〈瑪竇福音〉〔馬太福音〕第十二章第三十二節）。這指的是在奧古斯都大帝（Augustinus）❸和格瑞格（Gregor）大帝之後所談的煉獄。在寫給格林多人的信中，聖保祿〔保羅〕提到：「但各人的工程將來終必顯露出來，因為主的日子要把它揭露出來。」他接著說：「原來主的日子要在火中出現，這火要試驗各人的工程怎樣，」也就是說，如果他的工程沒有毀壞的話，「誰在那根基上所建築的工程，若存得住，他必要獲得賞報，」也就是說，如果他的工程不完善，有瑕疵的話，「但誰的工程若被焚毀了，他就要受到損失，他自己固然可得救，可是仍像從火中經過的一樣。」（〈格林多前書〉〔哥林多前書〕第三章第十三至十五節）透過這些話，聖保祿〔保羅〕要告訴我們，這類的靈魂雖可得救，但必須經過煉獄之火一段時間的淨化。

這是教會先輩們一致的詮釋，和過去這十幾世紀來所流傳下來的傳統。他們從殉教徒的墳中和在羅馬受迫害天主教徒的地下墓穴對我們說話。筆者曾在羅馬城門前聖卡里司徒（St. Calixtus）的地下墓穴前看到許多鐫刻，傳達出亡故基督徒死前的最後心聲。

「請在你們的祈禱中緬懷我們這些比你們先走一步的人。」「願基督之光永遠照耀你們。」則是後人為他們祈禱的回答。

注❷離異弟兄指所有信仰基督之非天主教人士。

注❸為羅馬帝國的開國君主，統治羅馬長達四十三年。

無論是東方或西方的先人，都曾提及宗徒們為亡者祈禱的習俗。特圖里安（Tertullian, 160-240）曾在兩處談及每年追思亡者的彌撒。「我們每年在固定的一天為亡者獻上祭品，就像那天是他們的生日一樣。」

「虔誠的寡婦為其已亡的夫婿祈禱。她每年在他的忌日獻上祈禱，希望他能安息，將來並能參與復活的行列。」

在羅馬帝王狄奧多西大帝（Theodosius, ca.346-395）的葬禮上，米蘭的安伯羅西奧（Ambrosius）主教祈禱：「請賜給祂的僕人狄奧多西完全的安息，就如同祢賜給諸位聖人安息一樣。

「我非常敬愛他，所以在世上跟隨他；在我亦被召喚到主的聖山上之前，我永遠不會忘記他。」

關於這個主題，前人所流傳下來最讓人感動的紀錄，來自第五世紀初的聖奧斯定。這位博學的主教敘述母親臨死前請他要做到以下的事：「把我的軀體隨意找個地方埋了吧！無論如何，你都不需要為這個軀殼掛心。但我只求你，無論身在何處，都不要忘了在天主的祭臺前緬懷我。」

為此，這位主教寫下了衷心的禱詞：

我心中的主，在此我為我母親的罪，全心懇求祢，請賜給她和她夫婿永遠的安息。……主，請祢以火淨化他們，……祢的僕人，我的兄弟們。我曾以喉舌、精神和筆尖服侍他們。讓所有唸到這些文字的人，會在祢的祭臺前想到祢的僕人摩妮卡。

這是早期教會為亡者祈禱習俗的來源，也是相信被稱為「煉獄」狀態的信仰基礎。

這個為亡故親友祈禱和獻上祭品的習俗，源自於古老的猶太教，即使歷經了世代的變遷，且猶太人也散布到世界各角落，他們還是恪守這個習俗。幾年前，筆者在耶路撒冷看到許多猶太人在著名的「哭牆」前，為其亡故的親友祈禱。

在美國猶太人所使用的一本祈禱經文中，含有以下的葬禮祈禱文：

我們已亡的弟兄，願你找到天堂敞開的大門；並看到平安之城、安全之所。願服侍的天使歡喜迎上前來，願大司祭準備好迎接你，願你到達終點，從此安息，並從死者中再度復活。如今這位弟兄已依照主宰天上地下一切的主的旨意離開人世，願天上安寧的居所，是我們這位已亡弟兄靈魂的歸宿、住所、安息之地。願至高無上萬有的主因著祂無限的慈悲，將我們這位已亡的弟兄庇佑在祂羽翼的陰影之下，願神在最終之日喚醒他，並讓他暢飲祂的歡樂之泉。

「改革教派將聖經和傳統中，許多為亡者祈禱和煉獄淨火的證據就這麼一筆勾消，這實在是非常怪的事。」康衛（B. L. Conway）神父曾指出：「但在基督的福音中，這一切教義都嚴密交織在一起。所以只要否定一項中心教義，也就同時否定了其他的教義。路德僅以信仰本身來辯駁的錯誤觀點，使得他否定了死罪和可赦免的罪之間的差異、暫罰的事實、善功的必要性、赦免的功效、以及為亡者祈禱的益處。若罪過只是獲得隱瞞而不是赦免，當基督福音以其正義來審判人類的罪，使他們成為『新人類』時，那麼為亡者祈禱，使他們能獲得赦免這件事就變得毫無意義了。從路德否認煉獄淨火的觀點出發，導致的是一個殘酷的教義，不僅使大量虔誠的基督徒失去了這部分的教義（並導致現代基督徒對永罰的否定），更是毫無根據假設天主在我們死亡的那一刻，以神奇的方式瞬間淨化了我們的靈魂。」

即使「煉獄淨火」這個詞沒有在聖經上出現過，實際上卻以象徵的方式出現，且無論在舊約、新約，或在東西方先人的著述中，都可找到蹤跡。由於現代教會普遍相信為亡者祈禱的功效，因此我們可以推論，教會也普遍相信煉獄淨火的存在。若煉獄淨火不存在，那麼為亡者祈禱這件事就變得毫無意義了。

煉獄淨火——合理的要求

即使我們暫時撇開聖經以及傳統中為亡者祈禱的種種證據，我們的理智本身就可猜想到，甚至要求，在天堂和地獄之間應該還有一種中間狀態。因為「無瑕的靈魂可以進入天堂」，由此可以推論，若一個人離開塵世時，他的靈魂還帶著可赦免的罪或未補贖的罪，是不能進入天堂的。

但基於正義的原則，也不能讓他進入地獄，因為地獄就是永罰，這樣的處罰對這些靈魂所犯的罪而言是過重了。況且，可能有許多人是帶著可赦之罪死去的，他們沒有資格馬上進入天堂；但基於正義，也不能把他們判入地獄。所以應該還有另一種狀態，那裡的處罰對所犯的罪過而言是相稱的，這才合乎常理。因此，依照常理的要求，這種中間狀態就是煉獄淨界。在那裡，帶有可赦之罪、未臻完善的靈魂可獲得淨化，使這些靈魂提升到另一種境界，讓他們有可能進入天堂的永福之境，並以無法言喻的歡欣，面對崇高的造物主。

為亡者靈魂祈禱的習俗，不只符合聖經的教義，亦受我們的自然天性所驅使，先賢聖人的訓誨一直在強調人類社會和精神團結一致的重要性，並特地闡明，我們該如何在困難時互相幫助。他們甚至對致力於幫助人們消除對死亡的恐懼功不可沒。十六世紀的改革教派否認了這一切，他們不只破壞了聖經和基督教會一千六百年綿源不斷的傳統，甚至限制和擾亂了我們來自自然天性以及內心深處的渴望。他們剪斷了天堂和地上之間、處於肉身中的靈魂，和脫離肉身的靈魂之間柔細相連的絲線。

如果我能為活在世上的兄弟們祈禱，那麼當他跨進往生之門時，為什麼我不能為他祈禱呢？難道死亡只摧毀了肉身，而靈魂仍安然無恙嗎？靈魂不是一直還活著、還在思考、還在回憶、還在愛嗎？難道有哪一項塵世的理由說明，我不應該再懷念我的兄弟、且我對他的愛不應以無用的淚水來證明，而以有效的方式——祈禱——來表達呢？在哪裡可以找到任何一位基督徒，當他站在敞開的墳墓前，低頭看著他所愛的人躺在最後的安息之地時，不會淚流滿臉地仰望天空，並呼求著：「主啊！請祢對我所愛的人之靈魂大發慈悲。」

完全無顧於對亡者祈禱功效所持的否認態度，清教徒傾聽來自內心的聲音，並以所有人類都明白、宇宙通用的語言——愛與同情——來回答。從友人已緘默的雙唇，他不斷聽到同樣的呼求，亦即約伯在不幸時的呼求：「請可憐可憐我，我的朋友，至少你要可憐我，因為我被天主的手擊中了。」因為一再聽到這樣的呼求，可以證明，宗教的偏見無法剝奪人心中的愛與同情心。從那些跨越死亡、進入往生、並在煉獄淨火中呼求我們以祈禱方式緬懷他們的靈魂，我們可以據實地說：

「雖然我們的手已無法撫摸到他們，我們的視線也無法接觸到他們；但感謝天主，至少我們的愛和祈禱仍然可以到達他們。」

有五十多年神職工作經驗的吉本士（Gibbons）樞機主教，敘述一件他曾經歷的事來闡明這一點：「我曾經看過一位女兒以無比的溫柔，在病重父親的床邊悉心照顧他。她在父親的病床邊度過無數個憂心的白天和無數個無眠的夜晚；她細心地滋潤他的乾唇，替他發燒的額頭冰敷，當他的頭從枕頭滑下來時，她溫柔地將他的頭扶正躺好。父親的病情若好轉，她心頭充滿陽光；父親的病情惡化時，她心中滿是陰霾。子女對父母的愛是這一切行為的原動力。當她父親去世時，她隨著他的靈柩到墳場。雖然她不是天主教徒，但當她佇立在父親的棺前，緊鎖著她心扉的所有宗教偏見桎梏都一一被打破，她超脫出自己的教派並大喊：『主啊！請祢對他的靈魂大發慈悲！』這是出自天性和宗教的吶喊。」

當田尼遜（Tennyson）讓他心目中的英雄——臨終的亞瑟王——向仍存活的戰友貝德維爾爵士說話時，也同樣反映出這種基督宗教的傳統和人心的自然需求：

我曾經活過，我的一切所做所為
希望能得到祂的寬恕。

若你以後不能再得見我的面容，
請為我祈禱。祈禱的功效之大
遠勝於世人所能想像。無論日夜，
讓你的聲音上達天聽。

打動人心的學說

當史多達❹正在充滿未知的濃霧中摸索，尋求安全的宗教真理之光時，收到一位天主教友人的信，這封信使他進一步明白天主教理論的美感和理性。對史多達而言，這封信是一線曙光和救助的來源，使得整個情況明朗化：「在各個古老的宗教系統中，幾乎沒有一個宗教沒有類似的看法（指煉獄淨火）。十六世紀的宗教改革派卻

注❹史多達（John L. Stoddard, 1950-1931），美國作家、旅行家，從小是虔誠的基督徒，年輕時曾攻讀神學，年老時皈依天主教。

選擇摒棄教會的這些古老信條。當他們否定彌撒聖祭和其他天主教的聖事時，煉獄淨火的理論也一併消失了。

「當亡者的靈魂馬上進入到一個永不改變的狀態，且超出我們代禱的範圍時，那麼我們所有的聖物、祈禱和類似的做法都毫無功效。可是如果我們相信三種教會的合一——即在人間戰爭的教會❺、在煉獄淨火中受苦、並在天堂勝利的教會——那麼我們就可以對已亡的靈魂有所影響，而他們也可以對我們有所影響。但只有少數人相信這種處於淨化和寬恕的生命狀態，而這個狀態是我們能上天堂的保證。

「而我們也希望能有更少的人被拒絕在受祝福的煉獄淨火之外。我無法想像新教徒們怎麼可能相信這些，這多令人驚訝，許多拒絕相信煉獄淨火存在的人，自然而然也拒絕相信地獄的存在。但光是這一項信念就非常重要。天主教所有的信念都是互相關連、共生共滅的。你不可能把門柱的一塊基石拿走，還希望門柱能挺立不倒。煉獄淨火是人們所能想出最人道、最美好的一種信念了。多少位心痛的母親曾因此而對曾經誤入歧途的亡故兒子懷抱希望。」

史多達在皈依天主教之後，在《重建失去的信仰》（*Rebuilding a Lost Faith*）一書中，描繪他信仰迷途的過程，在書中並將這項強力打動他心靈、既中庸又理性的理念描述如下：「天主教有關煉獄淨火的教理闡明，在靈魂能喜樂地進入天堂之前，必須在一個地方受一段時間的苦；因為他們必須因一些可赦免的罪、缺點或過失而受到淨化，或者還必須因為一些未獲得赦免的重罪，接受懲罰和做補贖；雖然這些重罪已獲得寬恕而不必受永罰，因為藉著基督，這些罪已被除免。除此之外，教會還宣布，透過祈禱和奉獻彌撒，我們仍然能夠透過基督幫助這些靈魂。

注❺指為抵抗三仇（魔鬼、世俗、情慾）以爭取永生，仍生活於現世之教會（友）。

「這些聲明並沒有超越教會正規的教條。這項教條並沒有說煉獄中有實質的火，而是相信在煉獄中靈魂所受的苦是精神上的。當他們違背天上的父親和救主而犯了罪，且必須認清這是多麼大的罪時，他們才會強烈體會到自己原來是多麼幸福，而這是他們活在世上時一直無法體會到的。」

我認識許多新教徒，雖然他們的信仰中沒有煉獄的理念，但他們卻承認常在祈禱中緬懷已亡的親友。我還記得有一位女性新教徒說，她兒子在大學畢業不久就因車禍去世，而她每天都為他祈禱。雖然她完全沒有讀過聖奧斯定的作品，卻從無法壓抑的內心訴求和源源不絕的自然天性中，認識了聖奧斯定提出的理念：「有一些離我們而去的人，還沒有壞到無法蒙受天主慈悲的憐憫，但也沒有好到可以馬上享有永福的權利。」

有越來越多歧異的弟兄們承認，從基督和宗徒的訓誨可看出，煉獄淨火的理念是如此理性和真實可信。馬洛克（Mallock）確實認為：「很明顯的，這是唯一一個宗教，其對未來的報酬和處罰的理念，很符合我們對正義和理性的想法。這和多餘的迷信沒有關，而是符合理性和習俗。因此，相信煉獄淨火的存在不只是對理性的肯定，亦是整個道德理想和諧融洽的一面。」簡而言之，煉獄的理念不只符合理性的要求，並與自然天性本能的訴求一致，且重現基督與宗徒們的教誨。

有關煉獄的一些想法

法蘭西學院的尚・居東❻

也許是人們對於「火」的概念，使得西方教會對「煉獄淨火」的理念有所阻礙。為了排除這障礙，我們只要審視教會的官方教理，並同時考慮體驗奧蹟者的經驗便可。事實上，令人納悶的是，像煉獄這種我們每個人都應該關心的話題，大部分的人卻置之不理——誰沒有處於這種「中間狀態」的朋友？我們又怎麼會知道，自己會不會今天晚上就要去那裡報到呢？

在這裡，我想提出一些想法，可以使煉獄淨火這個概念同時神化和人性化，即便這兩個字眼在人類起源宗教論中是互相對立的。

現代人之所以對距離我們不遠的煉獄淨火如此排拒，也許是因為想到許多描繪煉靈痛苦悲慘狀態的著作、講道，以及可怕故事的緣故。但在十九世紀之前，大部分人都不會認為別人遭受酷刑折磨是什麼大不了的事。不只是俗世的法庭，甚至是宗教法庭的時代，都會使用酷刑折磨犯人。有誰能像盧梭和華鐸那般描繪一個充滿感性和淚水的年代呢？即使在那個充滿感性的年代，人們卻仍樂於觀看刺殺路易十五不成的達米昂，遭受好幾個小時酷刑的折磨❼。

我們現代人簡直無法接受這樣的事。現在羅馬天主教庭確立了贖罪的本質，並提出一個完全與肉體折磨刑罰無關的煉獄淨火的概念。死亡通常是在大部分人還沒準備好的時刻就突然來到。在這個時刻裡，我們的精神狀態因著罪過和「無數的疏忽」而還未發展完

注❻見尚・居東（Jean Guiton）與他人合著之《煉獄之火的奧蹟》（*Das Mysterium des Fegefeuers*）一書，先後由Paul Pattloch-Verlag, Abschffenburg/ Christina-Verlag Stein am Rhein出版（已絕版）。——原書注

注❼達米昂（Robert Fran ois Damiens, 1715-1757），法國人，因以一把刀刺殺法王路易十五不成，而被判五馬分屍的死刑。在死刑前，他行刺國王的手被滾燙的硫燒成碳，又受到火鉗之刑，傷口上被倒上滾燙的蠟、鉛和油等酷刑折磨。

成，因此在這個因自由意志而充滿危險的此生之後，我們毫無危險地進入另一種狀態。在這個狀態中，我們發展成為內心深處最嚮往的我們。這是一種介於過去的我和將來的我的中間狀態。聖女卡特苓娜——煉獄淨火奧秘的經歷者——讓我們清楚地明白，像所有能淨化的物質一樣，這種火可同時帶來喜悅和痛苦。她談到：

「這種痛苦是如此巨大，沒有任何喉舌能描繪之，亦沒有任何的理智能夠想像。」但在另一處，她卻寫道：「我認為，除了在天上蒙受祝福的靈魂之外，沒有任何人能體會身處煉獄中靈魂所能體會到的滿足感。天主越是深入這些靈魂，他們的滿足感越是與日俱增；天主越是深入這些靈魂，越多阻擋他們與天主結合的阻礙就會消失。」

從這裡可以看出，歡樂和痛苦是可以同時存在的。即使從自身的經驗，我們也知道有時悲傷可以是甜蜜，而歡樂可以是痛苦的。

但丁在《神曲淨界篇》的第二十三章中寫下以下無比深刻的詩句：

看哪！我聽到人靈哭泣並歌詠著：

「我要親口宣揚祢的光榮」（詠五十一，十七）

歌聲中同時帶有歡樂和痛苦。

誰在最歡欣的時刻不會體會到他過去的悲傷？體會到能互相分享的可能性？體會到一個事實，即事情不能再這樣下去。誰能體會經歷嚴峻考驗時的平靜心靈，且因為知道這痛苦是受天主所賜而感到歡欣喜樂？那些領受神恩而體驗奧秘的人，他們的靈魂是蒙受祝福的，因為他們比別人更能體會喜樂和痛苦之間的神秘關係；痛苦越深，喜樂就越大。贖罪的人告訴我們，當他們獲得最大的赦免時，心裡的平安簡直是無法言喻。

因此，在天主允許的範圍內，他們幾乎是在尋找這種痛苦：在奉獻出個人的意志後，因著完全屈服的自由，他們得到了喜樂。同樣的，現在讓我們嘗試了解處於煉獄中靈魂的「內在狀態」。

這個充滿神祕的火就是主，雖然煉靈們可以感覺到祂的存在，卻無法與祂結合。從這個角度看來，煉獄淨火是一種成熟的狀態（也許就只有唯一的一瞬間。如果以年月日來表示，就是以量代質來表達這種狀態）。這時我們個人可經由這種痛苦得到淨化，我們改善自己的過程就會持續下去，而我們原本在活著時就可以完成這個過程的。現在天主賜給我們機會，讓我們處於這種狀態，即使我們不利用機會，亦沒有任何風險。

「折磨」這個詞，描述的只是內心悔恨時的痛苦，其他的痛苦都不應該以這個字眼來描述，因為這種痛苦是伴隨喜樂而來，而且是只有聖人們才能體會的喜樂。聖伯夫（Sainte-Beuve）在他最卑微的希望中，向薩奇爵士（Herm de Saci）訴說的臨終之言是多麼的美妙：「噢！蒙受祝福的煉獄淨火！」

我們常以人間的時間觀念來計算處於煉獄淨火中的長短，這完全符合我們不完美的天性。但是理智卻告訴我們，那應該是另一種時間算法，是一種無止境進步的時間、一種沒有折磨而獲得淨化的時間、一種不抗拒而甘心承受的時間、一種精神的時間、一種向純淨狀態發展的時間。這種時間感，應該和人們的靈魂經歷厄運卻欣然接受一樣：在這段時間裡，情況不會變得更糟，只會更好；在這段時間裡，我們不會一直想著可怕的過去，並對未來充滿恐懼；因為每一瞬間都會湧進更美好的體驗、每一瞬間所帶來的，都是不斷獲得治癒的感受。

從自身的經驗我們知道，受苦有兩種。當遭遇不幸時，我們可以欣然接受，並心裡明白這個經驗可以淨化我們：這是世間人們對

「受淨化」之苦的概念，這就是在煉獄淨火中的過程。我們也可以讓痛苦包圍自己並起而排拒、抗議，但這種排拒，會使痛苦變成折磨。前者就是在煉獄淨火中的受苦，相對的，地獄就是包圍和反抗的痛苦，是一種完全不願欣然接受的痛苦。

我們稱之為天堂、煉獄和地獄這三種狀態，是基於永恆的愛之原則。任何地方，只要沒有抗拒這愛的力量，這愛便以純潔的光之形式出現，並帶來完美的喜樂；只要一有抗拒，它便以火的形式顯現。此中也有兩種情況：第一種情況是是消極本能的抗拒、靈魂的風濕病、一種疲乏無力的狀態；另一種情況是積極對抗，因接受邪惡而抗拒，這種抗拒掌控了我們的心。

煉獄的淨化之火是一種喜樂的光，而地獄之火則是折磨的火。愛總是圍繞在我們身邊，至於要把愛轉換成火或光，完全在於我們自己。

如此一來，我們也能夠理解，有人會因為體驗到特別和深刻的奧秘之啟發，而為煉靈獻身。這和探訪監獄裡的犯人是不一樣的，雖然一樣充滿博愛精神和同情心。那祝福我們造訪祂受苦的肢體的那一位，又怎能不祝福這種以誠心懷念與虔誠祈禱的方式，造訪那充滿奧秘中間地帶和淨化之光的行為呢？但這裡還有另一個觀點，在煉獄淨火中靈魂體驗的奧秘，和聖母瑪利亞體驗的一樣，只不過聖母沒有原罪罷了。和那些仍活在世上體驗奧秘的人、那些仍在戰鬥中挺立、並對他們的終點所在仍未知曉的人不同的是，煉靈們不再有任何憂慮。

因為他們已在天主手中，他們已經得救。也許在期待得到赦免的過程中覺得痛苦，但痛苦越大，表示獲得赦免的時刻也越接近（這是我身為戰俘的親身經驗）；至少他們可確定一件事：他們已達到永恆的境界，而且是正義那邊的永恆。他們已完全不知道什麼是

「時間的忙碌腳步」，就如同紐曼（Newman）樞機主教在關於天堂之美的一首詩〈哲任提奧之夢〉中所描述的一樣。他們已從生物的軀體和社會義務中得到解脫。

所以他們完全屬於主，完全在主內，完全為主而存在。所以如果他們不希望縮短這些時程，以免減少他們受祝福的程度，這是可以理解的。

因此，如果人世間有人在冥想中與煉靈們接觸，也是可以理解的。他們支持煉靈，也受到煉靈們的支持。在他們兩者之間產生了喜樂、痛苦和愛的交流，他們組成了一個為人世（此生）和天上（往生）積福的共同體。為了結合可見和不可見的事物、結合有限的時間和無限的永恆，在人類心靈所擁有的各種可能性當中，這種可能性是最明確、最有效、最人性化的一種。我幾乎要說：這是最喜樂的一種。為什麼不呢？如果有人曾經見過為煉靈服務和祈禱的人，那他一定會發現，這些人散發出一種受祝福的喜悅。

總而言之，即使感覺痛苦，但在煉獄淨火這個中間狀態裡，平安和喜樂卻有如無限的汪洋大海。對我們這些可憐的罪人而言，雖然我們無法冀望馬上可以仰望上主的面容，至少我們很高興的知道，在這個淨化之地，我們仍可再找到與塵世間親友相連的絲線。

家庭不會破散，因為在永恆的住所中，他們再度結合。因著死亡的分離以及天堂與煉獄淨火之間的分離，這是相愛的人之間的分離：它使得我們之間的關係多樣化，並使我們之間的愛甦醒。

這些屬於受苦教會的靈魂，通常以一種形體和姿態出現在活著的人面前，使看到他們的人心生憐憫……，而且在看到這實質徵象時，會讓我們想起親近的人，並激起我們必須為他們祈禱的念頭。

——史格拉梅里《奧蹟概論（上）》第一章

追思已亡日

教宗若望保祿二世

在追思已亡日這一天，我們為所有已亡的信友向仁慈的天父祈禱。

在這一天，只要情況允許，所有的人都會到墓園去，以便能在所愛的人的墳前祈禱。我今天下午也會到梵蒂岡的墓園中，為我的先輩們祈禱。在心裡，我則會神遊到克拉高的墓園，即我所愛的人安息之處，和世界上其他的墓園，尤其是為那些已被人們遺忘之墓祈禱。

這個儀式教導我們，要因教會團結合一之名，為所有的人祈禱：這是一種比死亡還要強的聯繫，希望我們的祈禱不會錯過幫助任何一個人。

在這個充滿靈性的氛圍中，我們比平常更能感受到聖母活生生、慰藉人心的存在。昨日我們以所有聖人之後的名義呼喚她，並仰望到她在天上蒙受祝福的諸位聖人中間。今天我向已亡信友的靈魂，推崇她為慈悲之母。

對天主的子民而言，她是慰藉和確切希望的象徵。在她身上，我們看到基督聖言活生生的例子：「心裡潔淨的人是有福的，因為他們要看見天主。」〈瑪竇福音〉（馬太福音）第五章第八節透過她的代禱，我們將能夠親身經歷這聖言的祝福。

聖女小德蘭的煉獄觀

胡伯・范・吉克（Hubert van Dijk）

聖女小德蘭的神學是一種親身體驗的神學，一種經驗神學。她在家中、教區和在里修的聖本篤女修院的學校中，接受非常嚴謹的天主教教育，因而對煉獄淨火的存在堅信不移。然而，她對於煉獄淨火的開放觀點遠超過一般人的想像。

在聖神引領下，經過多年時間她發展出一些有關煉獄的想法、觀點和理念，最後匯集成所謂的「小德蘭對煉獄淨火的理念」。

一般在教會中大都普遍相信，沒有人可以逃得過煉獄淨火。當她還是修生時，就已對同院中亦持以上看法的費洛美娜修女說過：「妳對天主不夠信任，妳太畏懼仁慈的天主了。

「我跟妳保證，天主對此非常苦惱，妳不應該因為擔心要在淨火中受苦而害怕進入煉獄。妳應該想辦法不要進入煉獄，以取悅天主，因為祂實在不想施予我們這樣的處罰。只要妳努力在所有的事都如上主的旨意去做，且對祂懷著不可動搖的信任，那麼祂每一個時刻都會以祂的愛來淨化妳，完全赦免妳的罪。這時候妳就會知道，妳不必進入煉獄。」

她甚至認為，因為我們對天主的信任不夠，認為死後不能馬上進入天堂而侮辱了上主。當她發現其他修生偶而談到，她們有一天一定會進入煉獄時，她糾正她們：「天哪！我真為妳們感到難過，如果妳們認為必須進入煉獄的話，妳們侮辱了仁慈的天主。如果妳們的愛德夠堅強的話，是不必進入煉獄的。」

這可是一種新的觀念，但只針對那些不認識天主的人、不是小孩、不信任主的人。這觀點是多麼正確。雖然天主有時候要教訓我們，但無論如何，祂是我們的父親，當祂必須處罰自己的孩子並看著他們受苦時，祂自己也很難受。孩子順從父母必須是出自對父母的愛，而不是為了逃避責罰。因此，基本上，天主不想有煉獄淨火的存在。不然祂讓自己的孩子受苦，卻又必須轉頭不看。

如果小德蘭提出的觀點是對的，即我們不一定必須進入煉獄，因為天主不願意，而且天主想幫助我們，那麼我們可以避開煉獄淨火的想法就不會太偏頗。但這個觀點還有另一個問題，就是那些少數可避免煉獄淨火的人，是根據什麼樣的標準。例如，聖十字若望在他的著作《暗夜》下冊第二十章中寫到：「只有小部分的人能做到完美無缺的愛」（進入天堂的必要條件），而這個標準受到許多大聖人和經歷奧秘者的支持。而阿維拉的聖女大德蘭也曾經有過類似的經驗，即只有極少數的人可避免煉獄淨火。聖維安尼神父說：「可以確定的是，只有少數被天主選中的人沒有進入煉獄，而人們在煉獄所必須忍受的痛苦完全超過我們所能想像的程度。」

除此之外，許多虔誠的基督徒都相信，即使受洗過和很好的信徒，也必須在煉獄淨界中待一段時間，而理由總是相同：「煉獄之火很難逃得過。沒有人是神聖的，我也一定得待在裡面一段時間。」有些人甚至會說：「天主是正義的」或「這是我們該得的報應」。

就因為如此，聖女小德蘭的觀點更值得欽佩。有一次，當她鼓勵另一位同院的特里妮特修女，相信死後也可以立刻上天堂時，這位修女問：「我若常常因一些小事而犯罪，還能冀望死後馬上進入天堂嗎？」小德蘭非常了解這位姐妹的弱點，就說：「當然！天主非常仁慈，而且祂知道要如何贏得妳；但妳還是必須努力保持忠貞，以免祂白白在等妳對祂的愛。」

天主是一位父親，不是法官

關於這個主題，小德蘭有一次在修院中和六十七歲的副院長費勃朗妮亞修女起過爭執，因為這位修女知道，小德蘭修女常常鼓吹其他修女相信死後可以馬上進入天堂的觀念。她對此非常不以為然，且認為這是不當的信念，所以就責備小德蘭。

雖然小德蘭嘗試心平氣和並善意地向她解釋，但都沒有用。費勃朗妮亞修女仍堅持已見，即現今一般人普遍相信天主是正義的想法。可是對小德蘭修女而言，天主是一位父親，不是法官。

一年後，費勃朗妮亞修女於一八九二年因流行性感冒肆虐而去世。三個月後，小德蘭做了一個夢，她曾將此事告訴院長修女，而且這件事在檔案中亦有記載：

親愛的院長，費勃朗妮亞姐妹昨天晚上來造訪我，並請我轉告大家要為她祈禱，她身處煉獄淨火中，因為她不太相信良善的天主是仁慈的。她那哀求的舉止和深切的眼神似乎要告訴我：妳說的沒錯！現在天主要在我身上施行祂的正義了，但這是我自己的不對。

如果我當初聽妳的話，現在不至於要落到在這裡的下場。

羅馬的煉靈博物館

歐梅茲神父在他的著作《我們能與死人相通嗎？》❽一書中寫到：「我們曾多次參觀在羅馬的煉靈博物館，這是一九〇〇年由維多．約埃特（Victor Jouet）神父創立的，他是聖心會的神父，也是刊物《煉獄》的創辦人。

「在這座博物館中，參觀者可以看到獨一無二的展覽：煉靈們所留下的燒焦痕跡。這些痕跡有的出現在祈禱經書上（如孟古艾特．達梅樂〔Margarete Dammerle〕所用的經書）、彌撒經書上、衣服上等。例如，若瑟．樂雪（Joseph Leleux）爵士的襯衫上有一個記載著是一七八九年一月二十一日留下的燒焦指印，或是一件嚴重燒焦的義大利衛兵軍袍。這位衛兵在一九三二年一個晚上，在萬神殿中守在國王亨伯特一世（Königs Humbert I.）的衣冠塚前，國王的鬼魂出現，並請他將一個訊息轉告給伊瑪努爾三世（Viktor Emanuel III.），之後，國王將一隻燃燒著火的手放在這名衛兵的肩上，留下了這燒焦痕跡。

「在這裡還可以看到一個十字架，其頂端留下一個食指的烙印。我們得承認，這些痕跡並不是偶然的結果或是刻意的騙局。可想而知，這也不是煎熬煉靈們的精神之火所能製造得出來的：這只能是上主的神奇傑作，是祂創造出一種可以燃燒的元素，並留下黑色的痕跡，象徵著處於罪惡中靈魂身上的精神烙印。」

注❽引自歐梅茲（P. Reginald-Omez）所著《我們能與死人相通嗎？》（*Kann man mit den Toten in Verbindung treten?*）一書，一九七二年，第三版，由Paul Pattloch-Verlag, Abschiffenburg/Christina-Verlag Stein am Rhein出版。——原書注

「煉獄淨火」的教理

那些在主的神恩內死亡，仍帶著一些未赦之罪或罪債的人，是不能馬上進入天堂的。聖若望〔約翰〕如此描述天堂聖殿：「凡不潔淨、行可恥的事及撒謊的，絕對不得進入她內。」（〈若望默示錄〉〔啟示錄〕第二十一章第二十七節）因此那些還必須贖罪的靈魂，必須來到一個淨化之地，我們稱之為煉獄淨火（即：淨化之火）。

處於煉獄淨火中的煉靈們，心中一方面充滿了犯罪的悔恨，另一方面又對神聖良善的主懷著熾熱的仰慕之情。他們最大的痛苦是無法看見天主；最大的安慰則是他們不久就可以看見天主，並且永遠得救。

煉靈本身無法做任何事來減輕自己的痛苦，但基督，他們的救主，卻向上主為他們懇求，而透過基督，聖母瑪利亞和其他天上的聖人，亦替他們祈求。透過基督，我們也可以為煉靈們祈禱和奉獻，以便他們能早日脫離痛苦。

煉獄之火一直持續到世界終結的審判之日。在那之後，就只剩下天堂和地獄。

——引自德語之《統一教理問答》

若正義之人在死亡的那一刻，其靈魂仍帶著可赦之罪，或仍必須贖罪一段時間，就必須進入煉獄。

——引自路德維．奧特（Ludwig Ott）所著之《天主教教義基本綱領》

無論如何，我們都不可以一開始就完全拒絕相信，天主可以在任何情形下允許一個脫離軀體的靈魂，或一個身處煉獄的靈魂以任何方式來影響活著的人。當天主讓一個陰間的靈魂向活人說話時，祂的目的是為了拯救這些靈魂，而天主一向有此意。透過這種非常特殊的方法，祂將一個人的靈魂聖化——而不是為了滿足人們的好奇心或引起驚慌恐懼。

——柯魯格博士，《天主教的信仰》

可以確信的是，處在煉獄中的煉靈沒有神的旨意，是不能或暫時離開煉獄的。另一件可以確信的事是，天主的善心和慈悲是如此之大，祂可以允許亡者為了讓自己感到安慰或治癒活人，而暫時離開煉獄顯現給活著的人……。

——高倫（Ignaz Klug）教授，《教會百科》

因此煉獄是最大痛苦和最高幸福的混合，煉靈們向保祿〔保羅〕

承認（〈格林多後書〉〔哥林多後書〕第七章第四節）：「在我們各樣的苦難中，我格外充滿喜樂」，「期待所希望的幸福，和我們偉大的天主及救主耶穌基督光榮的顯現。」（〈弟鐸書〉〔提多書〕第二章第十三節）。施耐德（W. Schneider）主教在《另一個生命》（*Das andere Leben*）中寫到：煉獄淨火是「在最熱切期望中的完全寧靜；最悲切痛苦中的最大安慰；是痛苦和狂喜最神奇的混合。」我們想再補充一點：煉獄不是地獄的前置階段，而是天堂的前置階段。

——馬提亞士・普萊姆（Matthias Premm），《征服世界的信仰》

煉靈的護佑者

煉靈的護佑者除了大天使聖彌額爾之外，就是聖奧迪洛（Odilo, 962-1048）。他在年少時便放棄了廣大的土地而成為修士；當他在克呂尼當修道院長時，是當時的教士制度的大改革家和創新者。他的原則是：「我寧願因為太善良，而不是因為太嚴苛受到上主的審判。」

西元一〇一六年的大飢荒時，他將修院中所有的存糧發放給民眾；而且為了籌錢買麵包分給民眾，他甚至將教堂中的物品變賣掉。「在基督為我們窮人流盡祂的血後，」他說：「我們不應該對窮人有所保留。」他對受苦的教會（即煉獄）有一種特別的感情。我們現在之所以有煉靈節，是拜他之賜。

煉靈顯現給聖人

即使有名的聖人亦曾經受煉靈造訪，以下是五個例證：

聖女瑪加利大．亞拉高（Magarita Maria Alacoque, 1647-1690）

在她的自傳中記載著：

「當我在聖體節來到諸聖的祭臺前時，突然一個全身包在火中的人出現在我面前。他告訴我，他正處於煉獄當中，非常痛苦，這讓我當場流下淚來。他告訴我，他是一位聖本篤修會神父的靈魂，以前曾經聽過我的告解，並讓我領聖體。因此，為了表示恩惠，天主允許他來找我，以便我能幫助他減輕痛苦。他請我在這三個月內，做一切能夠減輕他痛苦的事……。

「三個月後，我看見他充滿喜樂歡欣前來告知：他要去享受他的永福了。他謝謝我並告訴我，他會在天主身邊護佑我。」

聖鮑思高（John Bosco, 1815-1888）

鮑思高在一八三九年失去了他年少時的好友路其．高莫洛（Luigi Comollo）。

「這兩位摯友互相許了一個果敢的承諾：先死的那個人，要回來找還活著的那一位，並告訴他自己在另一個世界的遭遇，以使他安心。

「在葬禮的當天晚上，臥室中突然響起了一陣可怕的呼嘯聲，當時有二十位修院同學睡在這個房間。房間中央瞬間亮起火光，又滅掉，整個房子都在震動，一個聲音大喊：『鮑思高，我得救了！』所有的人都驚嚇異常，在第一線曙光出現前大家動都不敢動。這真是一個難以置信的故事！但所有作證的人都確認，他們親身經歷了這一切。」（摘自馬特〔L. von Matt〕著《唐·鮑思高》，NZN出版）

赫福塔的聖潔如（hl. Gertrud der Großen von Helfta, 1256-1302）

聖潔如是赫夫塔的修道院院長，亦是名著《神愛之使者》一書的作者，歿於一三〇二年。她曾看到一位已亡修女的靈魂。從此亡靈的情況可看出，她在躲避天上的新郎——天主，在問到原因時，這位修女煉靈回答：

「由於我仍未完全將自己因犯罪所留下的污點淨化，即使祂讓我以這種狀況進入天堂，我也無法接受。雖然我在你眼中如此光鮮耀眼，但我自己知道，我還不配做我主的新娘。」

比利時的聖女克莉絲汀娜（hl. Christina von Belgien）

她是屬於呂悌教區聖特隆的一位牧羊少女，亦名克莉絲汀娜·蜜拉比莉絲，因為在世時曾經歷過一些非常奧妙、並有證人作證的事，所以獲准一窺天堂和煉獄的景象。「克莉絲汀娜，」她聽到一個聲音對她說：「妳是受天堂所祝福的。我讓妳做一個自由的選擇，妳可以今天就加入受挑選者的行列，或者再回到世上幾年，以善行來幫助煉靈。若妳先擇前者，妳從今就到達安全之地，不再有任何懼怕；不然的話，就回到塵世間，為做一個真正殉道者而受苦，去幫助不幸的人，並美化妳的冠冕……。」

克莉絲汀娜回答：「主，讓我回到人間為亡者受苦吧，我不怕任何痛苦艱辛。」因此她為煉靈們完成了許多奇妙的贖罪善功，許多煉靈顯現給她，其中包括里昂大公爵，謝謝她把他們自煉獄之火中救出。

聖女畢哲（hl. Birgitta, 1303-1373）

她是一位瑞典的貴族，曾寫到：「誰給飢餓的人食物吃，給口渴的人水喝，給裸身的人衣服穿，給病人一張床睡，煉靈們會很高興，並參與這些在世上為他們所做的一切。」（摘自賀伯克〔F. Holböck〕教授著《天主的北極光》）

我們不能在祈禱中忘記奧體的一部分，最不能忘記的是那些死後處於煉獄中的靈魂。

——引自庇護七世的《奧體》（*Mystici Corporis*）

愛亦延伸到那些在愛中死去的人，因為愛是靈魂的生命，就如同靈魂是肉體的生命一樣。

——聖湯瑪斯．阿奎那（Thomas von Aquin）

蒙特里尚解救煉靈的仁慈聖母

在法國有一座很有名的聖母像——「仁慈聖母，煉靈的解救者」。蒙特里尚位於諾曼地，奧恩省內（最大城為阿勒松，即里修的聖女小德蘭的出生地）。

這座聖母像（見下頁）位於蒙特里尚聖母大教堂的一個小聖殿內，是一八八四年由當地教區的布古埃神父（Msgr. Buguet）所建的贖罪作，此教區於一八九三年由教宗李奧八世將蒙特里尚傳協會提升為總兄弟會（Prima Primaria）。

當初建這座教堂的目的是為了透過大家的祈禱和奉獻彌撒，來

蒙特里尚（Montligeon）的聖母像。

解救煉獄中受遺忘的靈魂。很快的，這消息遍布全球。

這座名為「煉靈解救者」的聖母像，於一九三五年以教宗庇護十一世之名而冠上。這座宏偉瑰麗的大教堂，每年吸引數千位來自法國和世界各地的朝聖者，他們特地來這裡到聖母跟前為亡者祈禱。這是「生者與亡者面對面」的神聖之地。

煉靈將自己完完全全交給上主的旨意，他們只遵從上主的旨意。即使天堂的大門敞開，他們亦不敢走到主主面前。

——聖·方濟各沙雷氏（Franz von Sales, 1567-1622）

蒙特里尚聖母禱詞

光榮無玷的瑪利亞！請垂憐那些仍被困在淨化之地火焰中的可憐煉靈們，他們遠離上主和妳，我們慈悲為懷的母親。請解脫他們的束縛，將他們從深淵中解救出來，他們深陷煉獄，且因渴望到達天鄉以及與天主合一而嘆息，這是他們心中最殷切的盼望。請特別為那些被大部分人遺忘的靈魂祈求，這是我們特地到妳面前懇求妳的緣故。良善仁慈之母，請俯聽我們的祈求，並成全我們的祈求。瑪利亞！我們呼求妳：請將我們引領到天國，我們的救主耶穌基督那裡，妳那值得欽崇的聖子，並與聖父及聖神永生永世統治天地，阿門。

——教宗庇護十世

如果煉獄淨火代表一種懲罰，那它同時也是一種治療的方法。只要我們稍微思索罪對人類的意義，便馬上可以明白。對靈魂而言，罪是一種毒素！雖然赦免可使靈魂又完好如初，但它已經認識到那種永不磨滅的效果：我們的生命因此而變得軟弱。罪使靈魂受傷；即使這傷口已痊癒，但仍留下傷痕。罪是靈魂的一種病，每一次的痊癒，都必須透過奉獻和犧牲。每一個超自然方式所造成的傷害，都必須以超自然的方式消除，不管這是在今生今世，或是他生他世。

——安德烈．布書亞—馬西（Andrée Bourcois-Macé）

彼歐神父看到煉靈的經驗

彼歐神父（Bericht P. Pios）口述
阿玻里多（P. Alberto D'Apolito）神父記錄

我從彼歐神父聽到另一個煉靈顯現的事蹟是一位老人，他因火災死於當時的遊民收容所，現在已改建為喬凡尼．羅同多修院。

我把在一九二二年五月一個下午親自從彼歐神父所聽到的一切記錄如下。

我們正在經歷第一次世界大戰，就像其他屬國王統治省分中的修道院一樣，喬凡尼．羅同多修道院亦空無一人，因為所有的教士都被徵召入伍了。只剩下方濟各修會的一些年輕修生，由我和來自卡莎卡連達的包林諾神父照顧他們。

在冬天的一個午後，下了一場極大的雪。這天包林諾神父的妹妹愛頌塔來修道院探望他，並打算在此停留幾天。天黑之前，包林諾神父對他妹妹說，她應該到村裡的芮裘琳娜那裡去過夜，芮裘琳娜是修道院的大善主。但愛頌塔卻不願意在這大雪天，冒著被兇狠飢餓的野狗咬死或被歹徒攻擊的危險，獨自從修道院走到村裡去。

包林諾神父說：「可是愛頌塔，妳也知道，修道院的規定是不能收留女客人的。我們該怎麼辦呢？」

愛頌塔回答：「你給我在這房間裡搭一張摺疊床，我今晚就在這裡過一夜，明天我再到芮裘琳娜那裡去。」

於是他便叫幾個學生在客房放了一張床，又叫他們在壁爐中生上火，讓房間暖和一點。

吃過晚餐，學生們都就寢了，我和包林諾神父到樓下去和愛頌塔道晚安。我們稍微聊了一下，之後，包林諾神父對他妹妹說：「我要到聖堂去唸玫瑰經，妳就跟彼歐神父聊一下吧！」愛頌塔卻說：「我跟你一起去。」

他們就出去了，並把門帶上。我一個人坐在壁爐旁，半閉著眼祈禱。這時門打開了，進來一位老人，裹著白色的外衣，衣著就像本地的農夫一般。他坐到我旁邊，我看著他，根本沒想到在這樣的深夜他是怎麼進到修道院來的。我問他：「你是誰？你想要什麼？」

他回答：「我是某某人……」他告訴我，他的全名是彼得．迪．毛羅，尼古拉之子，別人都叫他皮里哥各。

接著又說：「我在一九〇八年九月十八日死於這家修道院，當時這裡是一間乞丐收容所，我就死在四號房。

「當天晚上我睡覺時，手上拿著一根點燃的煙。結果草墊就起火了，我窒息並被燒死。我目前仍在煉獄淨界中，需要一臺彌撒才能獲得赦免。天主允許我來找你幫忙。」

聽完他的敘述，我說：「請你放心，我明天就為你獻上一臺彌撒。」我起身並陪他走到修院門口，讓他出去。

這時我才非常清楚意識到，修院的大門是鎖住並上了栓的。我打開門，和他道別。皎潔的月亮把修院前的廣場照得像白天一樣。在看不見他的身影後，我因極度害怕趕緊把門關上，並回到客房去。我覺得快要暈過去了。當包林諾神父和他的妹妹唸完玫瑰經回到客房，看到我臉色蒼白、一付虛脫的樣子，他們以為我生病了。

和愛頌塔道過晚安後，包林諾神父回到我的房間，對於亡靈顯現的事我隻字不提。

過了幾天，愛頌塔離開後，包林諾神父問我，那天我看起來很不舒服，到底發生了什麼事。我就把亡靈顯現的事一五一十都告訴他。

之後我說：「當晚你妹妹在場，我總不能說出看到亡靈顯現的事，否則她根本不敢睡在那個房間。」

在講完這事後，彼歐神父繼續說，在獻完彌撒之後，那位煉靈便從煉獄中獲救，到天主那裡去了。

包林諾神父根據亡者的敘述，到戶政事務所去查證。記錄顯示，彼歐神父所說的一切完全與事實吻合。

我們可以這麼想像，當亡者的靈魂進入往生時，他是與救主面對面的。這真是有福的一刻，但也就只有短暫的一刻。因為當他看到自己靈魂的污點，並同時看到這位審判者的眼神停留在這些污點上，而臉上出現不悅、悲傷和責備的神情時，所有的歡呼、喜悅和光榮之情都剎時止住了。這使得這靈魂感到極度的羞愧和震憾，根本不需要任何命令叫他離去。他們只有唯一共同的渴望，即儘快淨化自己，排除所有與天主合一的障礙。

這時天堂的見習時期就開始了，這是一段毫無中斷的贖罪時期。只有那些現在在人間身心皆受極大痛苦的人，才可能稍微想像，煉獄淨火是什麼模樣。

——克卜勒（Paul Wilhelm von Keppler, 1852-1926）主教

不要判斷別人，以免你們亦被判斷

艾馮士・吉爾伯（P. Alfons Gilbert）神父
於里約熱內盧的聖安東尼修院

我的哥哥是一個很隨便的人，而我的父親卻非常嚴格。父親去世後，有一天哥哥說：他不會為父親奉獻任何一臺彌撒。如果他已在天堂，他根本不需要；如果他在地獄，彌撒對他也任何用處都沒有；如果他在煉獄的話，就讓他待在那裡吧，那是他的報應。前幾年，我哥哥去世了。

有一天晚上，他在夢裡顯現給我，並說我不需要為他祈禱，因為我的祈禱只能幫助別的靈魂，不能幫助他，他必須為自己的罪罰承受痛苦。我一直對他這番話思考良久，直到有一天，我突然想起他曾經說過有關父親的話之後才恍然大悟。於是我想到救主耶穌曾說過：你們如何判斷別人，也會一樣受到判斷。

煉獄淨界是一種謙卑自我體認的過程，是一個充滿對上主無限又痛苦不堪渴望的國度。靈魂們受到祂——至高的善——無可抵擋的力量所吸引。聖阿馮十（hl. Alfons von Liguori）說：「可是那些靈魂因自己的罪而怯步不前，他們感受到無比的痛楚。如果他們還能再死一次的話，這痛楚好像隨時可置他們於死地。」

——克卜勒主教

祈禱詞

為煉靈祈禱

我們的天父，主耶穌基督，祢眾多子民正處於煉獄接受淨化。在人世間，祢是仁慈的主；但在煉獄，他們必須接受祢正義法律的制裁，他們必須堅忍承受，直到最後的罪債都付清為止。黃金只有在火中才能提煉和淨化，而他們的靈魂卻遠比黃金更寶貴。

他們已認知到，祢是完美無缺的，沒有任何不完善的能在祢面前留存；他們熱切地期望能將自己所有的罪污除去，如果他們的面容沒有像太陽般照耀，衣衫沒有如白雪般皎潔，他們是無法忍受的。

我們在天上的父親，為了救贖這些煉靈，我們獻上祢愛子的死亡和寶貴的聖血；因著祂所受的苦，他們所受的苦也得以減輕。

祢住在讓人無法接近的光芒中，請讓祢的光芒照耀他們，並儘快將他們放在祢心中。主耶穌基督，天主子，請祢眷顧受苦的教會；它和天上勝利的教會和地上戰鬥的教會，不都是祢的新娘嗎？我將祢母親和所有聖人的愛和功德，以及世人所受的一切苦痛獻給祢。

耶穌，我們懇求祢，寬恕祢兄弟姐妹們的靈魂，他們正走向祢。請將他們引領到永恆的居所，那個祢在萬世之初就已經在天父那裡準備好的居所。

天主聖神，天父及聖子，祢是愛及生命之神。耶穌派遣祢當我們的護慰者；請祢也當煉靈們的護慰者，並減輕他們的苦痛。請依照天主的肖像使他們完善，就如同天主創造了他們，聖子救贖了他們，而祢——聖神——聖化了他們一樣。人類的靈魂是多麼偉大、美妙和寶貴，以致於天主子為了救贖他們，而願意承受極大的苦痛。

天堂一定是非常美好，如果我們需這麼大的淨化過程，才能使受造物中最高等的人類有資格仰望天主的面容，罪一定是非常的可怕。

三位一體的主，聖父、聖子及聖神，請以祢的聖名完成淨化的過程，並加強天使們在天堂中執行祢正義的喜樂。但請將祢的寬恕賜給我們，只要現在還有時間，讓我們多行仁慈善功以幫助煉靈。請幫助我們善度生活，讓我們能因純淨的心為祢所接受，讓我們將來亦能面對祢聖潔的面容。

瑪利亞，妳再度進入耶穌的聖殿中，請妳讓煉靈們再度尋獲耶穌！至高的天使們，請你們將煉靈們引領到天主那裡。天上的諸位聖人們，請你們幫助你們的兄弟姐妹們。阿門。

——阿諾·居禮

奉獻祈禱

主耶穌基督，光輝之王！請將所有死於信仰的靈魂，從陰間的折磨和黑暗的深淵中解救出來！請保護他們，使他們免於獅子的報復，免於墮入地獄：請不要讓他們墮落到深淵當中！聖彌額爾，高舉旗幟的那一位，請將他們引領至你許諾給亞巴郎和他的子孫的聖潔之光中。

仁慈的主，我們在此獻上我們的祈禱和讚頌；請祢為我們今天所懷念的煉靈，接納我們的奉獻。主，請引領他們超越死亡，進到祢許諾給亞巴郎和他子孫的生命中。

聖堂中的祈禱

主，祢隨時都喜歡施行仁慈和寬恕。因此我們不斷祈求祢：請眷顧祢僕人的靈魂，祢讓他離開了人世。請不要讓他們落到敵人魔鬼的手中，亦永遠不要忘記他們。請命天使們將他們引領至天鄉。他們懷著祢的希望而安息。現在請讓他們免於煉獄的處罰，並賜給他們永恆的喜樂。因著我們的主基督，阿門。

——出自追思亡者彌撒

煉獄禱文

啟：	應：
上主，求祢垂憐	上主，求祢垂憐
基督，求祢垂憐	基督，求祢垂憐
上主，求祢垂憐	上主，求祢垂憐
天上的天主父	求祢垂憐
贖世者天主子	求祢垂憐

天主聖神　求祢垂憐
三位一體的天主　求祢垂憐
聖母瑪利亞　請為亡者祈禱
天主聖母
充滿聖寵之母
仁慈之母
天堂的大門
悲痛的護佑者
聖彌額爾
全體天使及總領天使　請為亡者祈禱
聖若瑟
諸位聖祖及先知們
諸位聖宗徒

諸位殉道者
諸位主教及告解神父
諸位教會的聖師長
諸位聖教士和聖執事
諸位聖隱者和聖修士
諸位聖女和聖婦
諸位上主所挑選者
主，請憐憫他們　寬恕他們
主，請憐憫他們　解救他們
請將他們從煉獄淨火的痛苦中　解救出來
請將他們從良心痛苦的譴責中
請將他們從極大的哀傷中
請將他們從痛苦的孤寂中

請將他們從流放之地
請解救他們
因著祢豐富的愛
因著祢充滿恩寵的誕生
因著祢的受洗及功德滿盈的齋戒
因著祢完全的服從
因著祢無盡的愛
因著祢的恐懼和需求
因著祢混著鮮血的汗水
因著祢的被捕
因著祢受殘酷的鞭打
因著祢載荊棘刺冠受辱
因著祢揹十字架的苦路
因著祢的聖傷

因著祢痛苦的死亡
因著祢光榮的復活
因著祢的升天
因著聖母的痛苦
因著所有聖人的代禱
身為可憐的罪人　求祢俯聽我們
請祢寬恕在煉獄淨火中的煉靈們
請祢賜給所有亡者永遠的安息
請祢特別對那些不受世人懷念的靈魂大發慈悲
請祢將我們的父母和親友自煉獄的處罰中釋放
請祢將我們已亡的靈修輔導和上司們引領至永恆之光的住所
請祢賜給我們已亡的善主永恆的報酬
請讓祢的天使安慰他們並將他們引領至永恆之光

請祢將我們教區中所有的亡者接納到諸聖的行列中

耶穌，天主之子及永恆光輝之王

天主的羔羊，除免世罪者——請祢賜給罪人永遠的安息（三次）

神父：請眾同禱。主，我們懇求祢，賜給祢的僕人無限的慈悲，他們懷著祢希望而安息，請寬恕他們的罪過，並免除他們的罪罰。因著我們的主基督。

信友：阿門。

神父：主，請祢賜給他們永遠的安息。

信友：讓永恆之光照耀著他們。

神父：願他們安息。

信友：阿門。

向耶穌基督祈禱

耶穌，天主子，請賜給我們力量，讓我們成為天主的子女。
耶穌，天主子，請讓我們成為祢的兄弟姐妹。
耶穌，天主子，生活天主之子，請讓我們成為聖神生活的殿堂。
耶穌，達味之子，請讓我們成為祢所挑選子民的一份子。
耶穌，無玷聖母瑪利亞之子，祢將瑪利亞賜給我們當母親。
耶穌，若瑟之子，祢順從祢的養父。
耶穌，木匠之子，請讓我們成為祢王國的工人。
耶穌，祢是救主，神派遣給所有民族的救星。
耶穌，祢是堅強的上主，請利用我們的軟弱來戰勝那堅強的。
耶穌，三位一體中的第二位，請讓我們參與主內的生活。
耶穌，我們的主，我們懇求祢、天主及聖神。

耶穌，天主聖言，即使天地腐朽，祢的聖言都不消失。

耶穌，萬名之名，所有天上、地上和地下的一切都下跪在祢面前。

耶穌，真天主及真人，我們感謝祢降生成人。

耶穌，既是神又是人，請使我們相似於天主。

耶穌，那升高至天主右邊的那一位，請在祢的國度中思念我們。

耶穌，厄瑪奴耳，天主與我們同在。

耶穌，我們的中介者，請在天父前為我們祈求。

耶穌，我們的救主，請讓我們這些疲憊和滿負重擔的人到祢面前。

耶穌，我們的救星，請護佑我們免於地獄之火。

耶穌，天父的使者，請將我們派遣至世界各個角落。

耶穌，我們的師傅，祢不稱我們為奴僕，而是朋友。

耶穌，拉比，請讓我們成為祢忠實的門徒。

耶穌，我們的老師，請教導我們分辨心靈的好壞。

耶穌，我們靈魂的醫生，請讓我們免於罪惡的渲染。

耶穌，我們的解救者，請將我們從魔鬼的奴役中解救出來。

耶穌，教會的創始者，請讓我們成為祢肢體的一部分。

耶穌，納匝肋人，請我們成為良善的人和公民，並讓我們在團體中扮演有意義的角色。

耶穌，祢是基石，我們依照祢的生命來計算時間，讓我們為祢的國度利用這些時間。

耶穌，戰勝誘惑者，請幫助我們拒絕魔鬼的一切誘惑。

耶穌，優秀的牧羊人，請動身尋找失落的羊兒。

耶穌，我們的生命，我們願如麥子般死亡，以結更多的果實。

耶穌，我們的弟兄，請賜給我們神恩，讓我們在弟兄中認出祢來。

耶穌，我們靈魂的糧食，請以祢的聖體和聖血滋養我們。

耶穌，祢是葡萄枝，我們是葡萄藤，讓我們一起結豐盛的果實。

耶穌，揹負十字架者，請召喚我們跟隨祢，就如同祢召喚了西滿伯多祿一樣。

耶穌，被釘十字架者，請讓我們認識到十字架救贖之恩。

耶穌，祢被高舉在十字架上，請讓所有的人接近祢，就如同祢所預許一般。

耶穌，祢受長矛刺傷，請將我們的名字記在祢心中。

耶穌，猶太人的國王，請勿讓祢的血再流在他們和他們的子孫身上。

耶穌，真正的默西亞，請讓以色列的十二支派再度認得祢，就如同活在埃及的若瑟讓他的兄弟再度認出他一樣。

耶穌，祢是真正的基督，祢受天主所傅油，請讓我們參與心靈的傅油。

耶穌，是世界之光，請讓祢的火燃燒！

耶穌，王中之王，讓我們傳頌祢的福音，直至世界的終結。

耶穌，天主的羔羊，請以祢的聖血淨化我們。

耶穌，自死者中復活者，請讓我們在最終審判日亦從死者中復活。

耶穌，祢戰勝了死亡，請讓我們參與永恆的生命。

耶穌，祢審判生者與死者，請不要讓我們兩手空空站在祢面前。

耶穌，世界的審判者，在世界終結審判之日，請讓我們站在祢的右邊。

耶穌，我們的摯友，請在祢父親面前認出我們的名字。

耶穌，我們的主，請在祢再度來臨前讓我們保持警醒。

耶穌，萬物的主宰者，天主賦予祢統治天上地下一切的權力。
耶穌，祢非常愛我們的靈魂，請祢在臨終時等候我們。
耶穌，人子，當祢如閃電般在天空中出現時，請將我們當作祢的羊群。
耶穌，我們靈魂的新郎，請邀請我們參與祢愛的聖宴。
耶穌，豐收之主，請派遣工人到祢的葡萄園去。

——阿諾・居禮

古式煉靈禱詞

所有天使和人類的主，祢戰勝了死亡，克服了魔鬼，並將生命賜予世人。

請將平安賜給祢所有僕人的靈魂，所有在世界各地安息的教宗、主教、教士、教會的善主、我們的祖先以及兄弟姐姐妹們；所有為信仰和祖國犧牲的民族領袖和士兵們，所有在戰爭中被殺害的信徒；所有未來得及懺悔就因溺水、火災、凍死或被野獸攻擊而意外亡故的人們；所有未和教會及其仇敵和解的人，和因精神錯亂而自殺的人；所有我們為之祈禱的人（在此加上姓名），所有沒有人替他們祈禱的人，以及所有未安葬在教會墓地中的人。主，請讓他們安息在聖光普照的平安之所，那裡不再有任何病痛和哀慟。請赦免他們思、言、行為上所有的過失。良善的天主，幾乎沒有一個人活著時從未犯過任何罪的。只有祢是免於所有罪惡。祢的真理和聖言是永恆的真理。祢是復活，也是生命，祢是死亡的安息之所。願光榮歸於我們的主基督，永生的聖父，以及帶來生命的良善聖神。起初如何，今日亦然，直到永遠。

請眾同禱：生活的天主，只有祢知道被挑選至永恆福地的人數有多少；我們懇求祢，請將所有我們為之祈禱的人以及所有信徒的名字，亦列到被挑選者的名單中。仁慈的天主，請賜給亡者的靈魂暢快之所、平安之福及透徹之光。因我們的主基督。阿門。

聖詠〔詩篇〕一三〇篇：由深淵呼主吟

上主，我由深淵向祢呼號，
我主，求祢俯聽我的呼號，
求祢側耳俯聽我的哀禱！
上主，祢若細察我的罪辜，
我主，有誰還能站立得住？
可是，祢以寬恕為懷，
令人對祢起敬起愛。
我仰賴上主，我靈期待他的聖言；
我靈等候我主，切於更夫的待旦。

請以色列仰賴上主，應切於更夫待旦，
因為上主富於仁慈，祂必定慷慨救援。
祂必要拯救以色列人，
脫離一切所有的罪根。

七大神聖護佑者的禱詞

我從心靈深處向祢們呼求：

一、至聖的聖三一體，三位合一永遠統治的主！因著祢對人類無盡的愛，請給予我這個可憐的罪人永遠讚美祢的機會，並在祢內歡欣。

二、被釘十字架的耶穌，因著祢為我所受的一切身心之苦，當我的靈魂到祢面前，並站在祢的審判之座時，請展現祢的寬容和寬恕。

三、隱藏在聖體中的耶穌，請祢讓我值得接受這神聖之糧，尤其是我臨終時的最後一餐。

四、受祝福的聖母瑪利亞，請為我祈求永福，因為除了天主之外，妳是我最大的希望，妳是所有罪人的庇佑者，慈悲之母，強有力的護佑者，且永遠不受天主遺棄。

五、天上的聖神，天使九大聖詠團，請幫助我取代墮落的天使，在天堂取得一席之地。

六、來自現世教會各個支派的所有聖人們，請為我這可憐的罪人祈禱，讓我以後也能加入你們的行列！

七、各位煉靈們，請因著你們的聖寵為我在上主前祈禱，讓我們實行基督的愛和體念主的慈悲。

——摘自賀伯克所著《七大神聖護佑者》

瑪利亞．辛馬——煉靈之母

阿諾．居禮

瑪利亞．辛馬的死訊，給福拉爾貝格和歐洲各地許多人帶來莫大震撼。因著她的書、錄音帶和演講，她在歐洲已頗負盛名。她死的非常突然。二〇〇四年三月十六日星期二，北草安老院的院長打電話給在賽德格的邊納．懷士（Bernhard Weiss）神父說，瑪利亞．辛馬的情況不甚樂觀，問他是否能馬上過去一趟。

當懷士神父一進到安老院時，就發現瑪利亞．辛馬已是氣若游絲，於是開始幫她祈禱、傅油和祝福等臨終聖事。當神父唸到：「請向天主尋救協助；天使們，請迎接她的靈魂，將她的靈魂領到至高的主前！召叫妳的基督將迎接妳，願天使引妳至亞巴郎的座前」等句時，瑪利亞．辛馬呼出最後一口氣，並於晚上九時回歸天鄉。她的確依照這個原則來生活：每天都是主日，至死不渝！

她的遺體在二〇〇四年三月十九日下午二時安葬在桑達的公墓。在這之前，村民在村中的教堂為她的亡靈頌唸了玫瑰經。接著是告別式彌撒，山本地神父葛哈德・史拉斯迪特（Gerhard Schrafstetter）與五位神父共祭。繼任馬特神父的弗里德林・畢守（Fridolin Bischof）神父負責告別式的講道。他在一九七六年至二〇〇二年間服務於桑達鎮。

根據官方的估計，大約有三百位賓客參與這場告別式。畢守神父簡短介紹了瑪利亞・辛馬的生平。她於一九一五年生於桑達鎮，家中有八個孩子，她排行第二。她的哥哥若瑟在第二次世界大戰時，於一九四二年五月凍死在蘇俄的莫曼斯克。最小的弟弟愛德華亦在十七歲時喪生於進攻蘇俄途中。

若桑達沒有舉行彌撒時，瑪利亞・辛馬通常會到鄰村去參加彌撤。並幫助馬特神父為初領聖體的孩童做準備。她在這方面表現優異，即使時過多年，許多家長都還讚不絕口。瑪利亞．辛馬必須寫許多書信。畢守神父從郵差處得知，她每天會收到五十封信之多。再多她也無法承受了。

她一生都奉獻於煉靈服務，甚至日夜不分。她日以繼夜地祈禱和行補贖。常常也有人來找她諮詢有關煉靈的訊息。夏天時，僅從法國、奧地利偏遠處、瑞士、德國、和比利時等地，就會有七至八輛大巴士的訪客來找她。不時亦常有些父母因孩子自殺而來尋求協助和諮商。由於瑪利亞．辛馬生活簡樸，只要發現生活艱困的人，便以金錢支助他們。

有一次，瑪利亞．辛馬在搭乘火車時聽到一個男人咒罵教會，她便站起來向他說，他不應再咒罵天主。多年後，這位男士的亡靈跟她說，當初她為他所唸的天主經救了他。他向她道謝，並請她繼續為他祈禱。

馬特神父曾在送呈衛希納主教的報告中寫到：「瑪利亞．辛馬從小就希望幫助煉靈。她也曾充分利用贖罪日為煉靈祈禱贖罪。但在煉靈來找她之前，她從不知道也可以利用受肉身苦痛的方法為煉靈贖罪。這些肉身之痛極為劇烈，贖罪者必須有很大的犧牲精神和強烈的意識，自願替煉靈受這些肉身之苦。

「一九五四年發生雪崩時，瑪利亞．辛馬從煉靈口中得知，還有兩個人仍活埋在雪堆下。兩天後，最後一位生還者終於在勃朗士獲救。除此之外，煉靈亦事先告知瑪利亞．辛馬聖母年中所發生的其他災難事件。一九五四年大水災發生前兩天，她就已經向我預告有水災會發生，是煉靈告訴她的。……瑪利亞．辛馬從煉獄淨火所獲得的啟示是，天主的愛和正義是很平衡的。每一個靈魂都因他所犯錯的方式和動機，而獲得不同的處罰。」

在我們紀念瑪利亞・辛馬的同時，不能忘記一個人：曾在桑達服務三十年的馬特神父，他同時是瑪利亞・辛馬的靈修輔導。他從一開始便肯定她的神恩異秉，並幫助她發展這項才能。當馬特神父去世時，費爾德喀希的主教（帶領著眾多教士）、四十位神父和上千位的信眾來參與其告別禮。

當史拉斯迪特神父祝福過瑪利亞・辛馬的墳墓後，站在離墳墓三公尺處，我突然回想起我認識她的經過。一九六七年我和內人去聽瑪利亞・辛馬在萊茵河邊的史坦所舉行的一場演講。隔天早上我拜訪神父，並得與馬利亞・辛馬見面。我告訴她，我對她有關煉靈的演講印象非常深刻，並認為應該將此出書。我自願為她出版，而她也答應了。

之後天主賜給我一個恩寵。因為接著我必須參加三個星期的後備軍人役。但我沒有被分發到原本所屬的裝甲部隊，而是到安德馬特的葛特哈德去當文書值勤官。我的上司並沒有派多少工作給我，因此在這三個星期中，我有足夠的時間將瑪利亞．辛馬演講的內容以流暢的德語寫出，準備付梓。

到目前為止（二〇〇四年），此書以德語出了十九版，以法語出了八版，另外還翻譯成其他七種語言。因此我們合作的關係持續了三十七年之久。天主賜給了瑪利亞．辛馬特殊的神恩，但她從來不濫用這項神恩，一直過著簡樸踏實的基督徒生活，並默默成就偉大的事蹟。願主賜她安息。

其他語錄

請仔細聆聽我的解釋：耶穌基督降生成人，稱教會為其新娘，稱所有的信徒為其肢體，而祂是這個肢體的神聖之首。現在可確定的是，這受到最嚴重打擊的肢體就是受苦的教會，這些可貴的靈魂正在受極大的苦痛。全世界沒有任何痛苦能與殉道者所受的苦相提並論。如果耶穌基督看到，你們心中對這部分遭受遺棄的肢體特別同情的話，難道你不相信，祂對你們也會特別喜愛嗎？

——埃迪昂．畢內特（Etienne Binet, S.J.）神父所著有關煉獄之作品

因為愛將教會中的所有成員相連，因此愛散布在活人心中，亦延伸至在愛中去世的人。因著這個愛的聯繫，信友的奉獻能為亡者獻上益處。

——卡爾特教團的迪奧尼西奧（Dionysius, 1402-1471）

羅曼諾・葛迪尼（Romano Guardini）曾經寫過：如果人的生命就只分成好和壞兩種的話，那麼關於往生根本沒什麼好說的了。可是人是非常複雜的，因為好和壞往往同時存在，而且很難分得開（想想看福音中所談的麥子和莠子之間的相似處）。

人是造物主最美好的受造物。祂想與人結合，給予人恩寵。這個受造物不斷呼喚祂要與之結合。只要人從所有的物質中解脫，出現在祂面前，祂便視他們為完善的，絕對值得獲得祂的愛。

——奇穆西亞克（J. M. Szymusiak, S. J.）

沉睡的人們，醒來，
為煉靈祈求天主！

——古時法國村莊守夜者的打更聲

要在天堂的永福中仰望主的聖容——或在地獄的永罰中永遠離開天主：這是聖經中給我們清楚的啟示，即在死後，我們每個人都必須面對的個人審判，「不是這樣，就是那樣」。

——賀伯克教授

我們活在已亡祖先和父母的庇蔭下，卻很容易就忘記了我們所虧欠他們的一切，忘記了他們多麼渴望我們的感恩，和多麼需要我們的協助。他們不斷呼喊著：要負重擔、要刻苦、要祈禱齋戒、為我們施捨窮人！為我們奉獻彌撒！

——安娜．卡特苓娜．愛默里（Anna Katharina Emmerich）修女

主耶穌，愛的犧牲者，請讓我成為祢的奉獻品，生活的、神聖的、受神所喜愛的奉獻品。

——教宗庇護十世

這火要試驗各人的工程怎樣。

——〈《格林多前書》〔哥林多前書〕第三章第十三節〉

我們在平安中與主生活在一起時是多麼的幸福，但在這裡，渴望見到祂聖容的念頭卻折磨著我們。

——但丁《神曲淨界篇》第三十六章

唉，煉靈們需要受的苦的確不少，因為他們的疏失懶散，因為他們舒適的生活，因為他們對天主不夠熱切，對近人不夠博愛。若不透過善功和愛，也就是他們原本疏忽掉的東西，我們又怎麼能幫助他們呢？

天上的聖人們不能再為他們贖罪和行善功；他們只能期待子孫和現世的教會能為他們做這些事。而且他們多麼渴望得到協助。他們知道，活著的人的每一個思念、每一個衷心的願望、每一件為他們所做的事，都不會沒有益處；但是，活著的人卻常置他們於不顧……！

——安娜．卡特琴娜．愛默里修女，《異象》

天主不能改變祂的神性，祂永遠都必須是神聖的。就因為祂是神聖的，所以沒有任何不神聖的靈魂能在天堂受到祝福。

——約翰．亨利．紐曼樞機主教

天主，我的靈魂渴慕你，真好像牝鹿渴慕溪水。

我的靈魂渴念天主，生活的天主，我何時來，能把天主的儀容目睹？

——〈聖詠〉〔詩篇〕第四十二篇第二至三節

媒體反應

瑪利亞．辛馬擁有一種神恩異秉，即煉靈們可以請求她協助。在這本小書中，她以演講般非常簡潔的方式，敘述與煉靈接觸的經驗。其報導符合教會一般有關煉獄的教義。由於這種做法已逐漸遭人們遺忘，顯得這似乎是天主的計畫，不只讓辛馬本身為煉靈受苦、祈禱，並透過演講吸引越來越多的人，再度想到煉靈的存在。馬特神父在書中對辛馬的一生做了簡短的報導。

——《耶穌聖心使徒訊》，一九六九年八月因斯布魯克馳名於奧地利國內外、蒙受神恩的煉靈之母瑪利亞・辛馬，將其與煉靈接觸的經驗記錄在此書中。這本小書向生活在現下消費社會、大眾媒體社會、原子科技的社會和經濟奇蹟社會中的現代人，以特殊的方式顯示天主的存在，以及往生之後的另一種生活。這是一本富饒興味的書，語言生動、淺顯易懂、啟發人靈、教化人心。對於奧蹟和奧蹟神學有興趣者絕不可錯過。

——《克萊門傳訊》，一九六九年六月維也納

對於活在梵二會議之後的我們，這本書的書名頗為特殊。但這位虔誠心靈所傳出來的訊息，讓人感覺非常真實且充滿神恩。即使人們有批評的天性，亦不得不同意她的觀念。對作者而言，至高的天主和臨終時刻都非常重要，而且是最重要的。由於她的生活原則是以永恆的生命為出發點，因此在她眼前這麼多教化心靈的神蹟，

就顯得不那麼重要了。對於她本身與煉靈接觸所看到的「異象」，我們不願在此有所評論。

——《埃斯達特教區傳訊》，一九七〇年

第十五版後言

在第十五版出版前，瑪利亞·辛馬告訴我們，自一九八三年之後，煉靈們都強調要在家庭中唸玫瑰經：「如果大家多在家中唸玫瑰經的話，魔鬼對教會的惡勢力便無法展開。

國家圖書館出版品預行編目資料

不死的靈魂：我與煉靈的接觸，以及關於煉獄、永生、死後世界的祕密 / 瑪利亞.辛馬(Maria Simma)著；鄭玉英譯. – 三版. -- 臺北市：啟示出版：英屬蓋曼群島商家庭傳媒股份有限公司城邦分公司發行, 2023.04
面； 公分. -- (Soul系列 ; 36)
譯自 : Meine Erlebnisse mit Armen Seelen.

ISBN 978-626-7257-11-1 (平裝)

1.CST: 死亡 2.CST: 靈魂

244.9 112003848

啟示出版線上回函卡

Soul系列36

不死的靈魂：我與煉靈的接觸，以及關於煉獄、永生、死後世界的祕密

作　　者／瑪利亞・辛馬（Maria Simma）
企畫選書人／彭之琬
總 編 輯／彭之琬
責 任 編 輯／余筱嵐、彭之琬、周品淳

版　　權／吳亭儀、江欣瑜
行 銷 業 務／周佑潔、黃崇華、周佳葳、賴正祐
總 經 理／彭之琬
事業群總經理／黃淑貞
發 行 人／何飛鵬
法 律 顧 問／元禾法律事務所 王子文律師
出　　版／啟示出版
臺北市104民生東路二段141號9樓
電話：(02) 25007008　傳真：(02)25007759
E-mail:bwp.service@cite.com.tw
發　　行／英屬蓋曼群島商家庭傳媒股份有限公司城邦分公司
台北市中山區民生東路二段141號2樓
書虫客服服務專線：02-25007718；25007719
服務時間：週一至週五上午09:30-12:00；下午13:30-17:00
24小時傳真專線：02-25001990；25001991
劃撥帳號：19863813；戶名：書虫股份有限公司
讀者服務信箱：service@readingclub.com.tw
城邦讀書花園：www.cite.com.tw
香港發行所／城邦（香港）出版集團
香港灣仔駱克道193號東超商業中心1F E-mail: hkcite@biznetvigator.com
電話：(852) 25086231　傳真：(852) 25789337
馬新發行所／城邦（馬新）出版集團 Cite (M) Sdn Bhd
41, Jalan Radin Anum, Bandar Baru Sri Petaling, 57000 Kuala Lumpur, Malaysia.
Tel：(603)90563833 Fax：(603)90576622 Email：services@cite.my

封 面 設 計／李東記
排　　版／極翔企業有限公司
印　　刷／韋懋實業有限公司

■ 2006 年 10 月 19 日初版
■ 2023 年 4 月 18 日三版
Printed in Taiwan
定價 350 元

Titel der Originalausgabe: Maria Simma, Meine Erlebnisse mit Armen Seelen.
Christiana-Verlag, CH-8260 Stein am Rhein, Schweiz/Switzerland.

城邦讀書花園
www.cite.com.tw

 ISBN 978-626-7257-11-1